Thomas Kleineidam

Kundenbindungsinstrument Beschwerdemanagement

AF156410

Thomas Kleineidam

Kundenbindungsinstrument
Beschwerdemanagement

Südwestdeutscher Verlag für Hochschulschriften

Impressum / Imprint

Bibliografische Information der Deutschen Nationalbibliothek: Die Deutsche Nationalbibliothek verzeichnet diese Publikation in der Deutschen Nationalbibliografie; detaillierte bibliografische Daten sind im Internet über http://dnb.d-nb.de abrufbar.

Bibliographic information published by the Deutsche Nationalbibliothek: The Deutsche Nationalbibliothek lists this publication in the Deutsche Nationalbibliografie; detailed bibliographic data are available in the Internet at http://dnb.d-nb.de.

Coverbild / Cover image: www.ingimage.com

Verlag / Publisher:
Südwestdeutscher Verlag für Hochschulschriften
ist ein Imprint der / is a trademark of
OmniScriptum GmbH & Co. KG
Heinrich-Böcking-Str. 6-8, 66121 Saarbrücken, Deutschland / Germany
Email: info@svh-verlag.de

Herstellung: siehe letzte Seite /
Printed at: see last page
ISBN: 978-3-8381-3216-7

Inhaltsverzeichnis

1. Problemstellung

Gute Produkte allein reichen nicht mehr aus, um sich im Kampf um Kunden gegenüber den Wettbewerbern zu behaupten. Für eine nachhaltige und emotionale Bindung
an das Unternehmen sind Faktoren wie Zuverlässigkeit, schnelle Auftragsbearbeitung, persönliche Kontaktmöglichkeiten und kompetente Mitarbeiter von entscheidender Bedeutung.

Wissenschaft und Praxis sind sich in der Annahme einig: Kundenbindung rückt mehr
und mehr in das Zentrum der marketingpolitischen Überlegungen von Unternehmen
und wird zunehmend zum Erfolgsfaktor im Wettbewerbsumfeld. Die marktorientier-
ten Zielsetzungen vieler Unternehmen haben sich in der letzten Zeit gewandelt. Während vor Jahren die Gewinnung neuer Kunden im Vordergrund der Marketingstrate-
gien stand, so sind es jetzt die Strategien der langfristigen Bindung bestehender
Kunden.

Kundenbindung hat sowohl in der Praxis als auch in der Literatur deutlich an Bedeutung gewonnen. Das Kernproblem der Kundenbindung ist die Wertschöpfung.
„Customer Relationship Management" wurde zum Schlagwort. Die Gründe dafür
sind insbesondere in den aktuellen Marktbedingungen zu finden, die es Unternehmen
erschweren, sich erfolgreich vom Wettbewerb zu differenzieren und Kunden zu binden. Das gilt für die Bereiche, die durch hohen Wettbewerbsdruck, Stagnation und
aus Kundensicht austauschbaren Leistungen gekennzeichnet sind. Es geht mit CRM
um die strategische Bedeutung der Ausrichtung sämtlicher Unternehmensaktivitäten
an den Bedürfnissen der Kunden.

Das Marketingverständnis wandelt sich mehr von der bereits erwähnten transaktions-
hin zu einer beziehungsorientierten Sichtweise. Dieser Paradigmenwechsel ist auch
begründet durch die zunehmende Unterschiedlichkeit von Kundenerwartungen und
Veränderungen des Konsumentenverhaltens. Die Aktivitäten der Unternehmen im

Dienstleistungsbereich werden an den spezifischen Bedürfnissen der einzelnen Kunden ausgerichtet.

Mit wachsender Einsicht in das ökonomische Potential der Bestandskunden rück die Kundenbindung mehr und mehr in das Zentrum strategischer Zielüberlegungen. Die Frage ist, welche einzelnen Stellhebel zu einer Steigerung der Kundenorientierung und Kundenzufriedenheit, zur Kosteneinsparung und zur Renditeerhöhung geeignet sind sowie vor allem, ob es ein integratives Konzept hierzu gibt.
Es ist zunehmend notwendig, neue Differenzierungspotentiale zu erschließen die vom Kunden geschätzt werden. Die Beschäftigung mit der Zufriedenheit von Kunden hat gerade in volatilen Zeiten nichts an Aktualität eingebüßt. Gilt sie doch als wichtiger Treiber von Kundenloyalität, den daraus resultierenden Markterfolgen und der strikten Ausrichtung auf den Kundennutzen.

Diese Tatsache lässt den Themen Kundenorientierung, Kundenzufriedenheit und Kundenbindung als geschäftspolitische Aufgabe einen zentralen Stellenwert zukommen. Dabei umfasst Kundenorientierung nicht nur die grundsätzliche Ausrichtung der Unternehmensaktivitäten an den Kundenbedürfnissen und damit der Förderung von Kundenzufriedenheit, sondern auch den Abbau von Unzufriedenheitspotenzialen zur Wiederherstellung von Kundenzufriedenheit.

Genau dieses Ziel verfolgt das Beschwerdemanagement, welches somit neben dem Zufriedenheitsmanagement ein wesentlicher Bestandteil einer kundenorientierten Geschäftspolitik ist. Es nimmt daher eine Schlüsselstellung im Kundenbindungsmanagement ein und öffnet die Chance, Qualitätsmängel zu erkennen.

4

2. Kundenbindungsinstrument Beschwerdemanagement

2.1. Definition Beschwerden und Beschwerdemanagement

Beschwerden sind Artikulationen von Unzufriedenheit , die gegenüber Unternehmen oder auch Drittinstitutionen mit dem Zweck geäußert werden, auf ein subjektiv als schädigend empfundenes Verhalten eines Anbieters aufmerksam zu machen, Wiedergutmachung für erlittene Beeinträchtigungen zu erreichen und/oder eine Änderung des kritisierten Verhaltens zu bewirken.[1]

Das Kundenproblem steht im Mittelpunkt. Es geht um die Sicherung und Stärkung von Beziehungen mit dem Ziel, Bindung zu erreichen. Diese stützt sich auf positive Erfahrungen mit und in einer Problemsituation. Der Begriff **Beschwerdemanagement** stammt aus der amerikanischen Literatur und wird neben dem weitgehend synonym verwendeten Begriff der Beschwerdepolitik in der deutschen Literatur verwendet[2].

Das Beschwerdemanagement bezeichnet dabei den aktiven Umgang mit Beschwerden für eine zielgerichtete Gestaltung der Marktbeziehungen[3]. Es dient der Stabilisierung gefährdeter Kundenbeziehungen und hat als oberstes Ziel die Wiederherstellung der Kundenzufriedenheit. Damit wird es zunehmend zum Kern eines Kundenbeziehungsmanagement.

Um auf Beschwerden angemessen reagieren zu können, benötigt ein Unternehmen detaillierte Kenntnisse über das Verhalten seiner unzufriedenen Kunden. Unzufriedenheit kann sich darin äußern, dass jemand mehr oder weniger deutlich seinem Un-

---

[1] STAUSS, B. Beschwerdepolitik als Instrument des Dienstleistungsmarketing, in: Jahrbuch der Absatz- und Verbrauchsforschung. 1989, S. 101
[2] HANSEN, U. JESCKE, K. SCHÖBER, P. (Karriere 1995) Beschwerdemanagement – Die Karriere einer kundenorientierten Unternehmensstrategie im Konsumgütersektor, in: Marketing ZFP, 17.Jg., 2/1995, S.77-88
[3] RIEMER, M. Beschwerde-Management, Frankfurt a.M , New York: 1986

mut Luft macht, oder er verzichtet aus Unkenntnis, einer Fehleinschätzung der Lage heraus oder wegen vermeintlicher Aussichtslosigkeit des Unterfangens darauf.

Ob es bei einer Unzufriedenheit zu einer Beschwerde kommt oder nicht, hängt im Wesentlichen von **drei Faktoren** ab[4]:

- Unzufriedene Kunden wägen ab, ob der mit einer Beschwerde voraussichtlich verbundene **Erfolg** (Wiederherstellung der Funktionsfähigkeit des erworbenen Produkts, Ersatz der Ware, Rückerstattung oder nachträgliche Minderung des Kaufpreises, in der Kritik an einem Mitarbeiter liegende Befriedigung etc.) den damit einhergehenden **Aufwand** (z.B. Telefon-, Porto- und Fahrtkosten; physische und psychische Anstrengungen) rechtfertigt. Ist dies nicht der Fall, verzichtet man auf die Beschwerde. In diesem Zusammenhang wurde festgestellt, dass sich unzufriedene Kunden häufig von dem hohen zeitlichen und finanziellen Einsatz, dem Fehlen einer Erfolgsgarantie und dem mit der Äußerung einer Beschwerde verbundenen Ärger abschrecken lassen[5].

- Käufer beschweren sich umso eher, je bedeutsamer ihnen ein **Problem** erscheint, je klarer es sich um einen offenkundigen **Mangel** handelt und je genauer die **Ursache** der Unzufriedenheit eingegrenzt werden kann. Konsequenterweise beziehen sich Unmutsäußerungen überwiegend darauf, dass neue Produkte Mängel aufweisen oder bereits in Gebrauch befindliche nicht sachgemäß repariert bzw. gewartet wurden[6].

- Neben **soziodemographischen Größen** wie Alter, Geschlecht, Bildung und Beruf sind es vor allem psychische Faktoren, die das Beschwerdeverhalten von

---

[4] HANSEN, U./ JESCHKE, K. Beschwerdemanagent für Dienstleistungsunternehmen: Beispiel des Kfz-Handel, in: BRUHN, M/ STAUSS. B (Hrsg.): Dienstleistungsqualität, Konzepte, Methoden, Erfahrungen, Wiesbaden 1991a, S.199-223

[5] GOODMANN, J./ MALECH, A./ MARA, T.: Beschwerdepolitik unter Kosten/ Nutzen-Gesichtspunkten: Lernmöglichkeiten aus den USA, in: HANSEN. U./ SVHOENHEIT. J. (Hrsg.): Verbraucherzufriedenheit und Beschwerdeverhalten, Frankfurt/Main u.a.: 1987, S.165 - 202

[6] WEINHOLD-STÜNZI, H./ BAUMGARTNER, R.: Konsumentenzufriedenheit: Eine empirische Pilotuntersuchung über die Allgemeine Zufriedenheit von Konsumenten, die Zufriedenheit von Konsumenten mit Ihrer Versorgung, Verhalten bei Konsumenten bei Unzufriedenheit, Konsumentenschutz/ Bericht des Forschungsinstituts für Absatz und Handel an der Hochschule St. Gallen, Uttwil: 1981, S. 73

Verbrauchern beeinflussen. Es leuchtet ein, dass sich eher solche Menschen beschweren, die Selbstvertrauen besitzen, als Meinungsführer fungieren und über fundierte Produktkenntnisse sowie einschlägige Informationen und Erfahrungen im Umgang mit Kontrahenten verfügen[7].

Ein **aktives** Beschwerdemanagement bietet die Möglichkeit, frühzeitig Unzufriedenheit aufzuspüren (sog. Frühwarnsignale). Zudem können durch Schaffung von Beschwerdezufriedenheit die **Loyalität** sowie die **Mund-zu-Mund-Werbung** der Kunden erhöht werden.

Schon eine im Auftrag der US-Regierung durchgeführte TARP-Studie aus dem Jahre 1988 (Technical Assistance Research Programm[8]) belegt **Gefahren** und **Chancen** eines effizienten Beschwerdemanagements.

Untersuchungsergebnis.: TARP Studien

- 19 von 20 unzufriedenen Kunden verzichten auf eine Beschwerde. In den meisten Fällen sind hier Beschwerdehürden verantwortlich, die bewusst oder unbewusst – von den Betroffenen Unternehmen aufgebaut werden.
- Kunden, die sich beschweren, sind eher bereit, diesem Unternehmen treu zu bleiben, auch wenn das geäußerte Problem nicht zu Ihrer Zufriedenheit gelöst wurde.
- Rund zwei Drittel der Kunden, die sich beschwert haben, bleiben dem Unternehmen treu, dass ihr Problem gelöst hat. Wird die Bearbeitung eines Problems als zügig wahrgenommen, steigt die Wiederkaufrate auf 95% an.

---

[7] BRUHN,M. Konsumentenzufriedenheit und Beschwerden, Frankfurt am Main/ Bern: 1982, S.145

[8] TARP-Studie Consumer Complaint Handling in America: Final Report Report, Washington DC.:1988

- Kunden, die sich beschweren und das Gefühl haben, dass Ihr Problem gelöst wurde, berichten im Durchschnitt fünf Personen über ihre positiven Erfahrungen.

Das Beschwerdemanagement dient der Stabilisierung gefährdeter Kundenbeziehungen ist somit wesentliches Element des auf den externen Kunden ausgerichteter Beziehungsmanagements. Zusätzlich enthalten Beschwerden Informationen über die vom Kunden wahrgenommenen **Qualitätsprobleme** bei der Nutzung von Produkten und Dienstleistungen. Die Auswertung von Beschwerden ist damit eine zentrale Grundlage für Initiativen zur kontinuierlichen **Qualitätsverbesserung.** Das Beschwerdemanagement ist somit auch ein wesentlicher Ausgangspunkt für das **Qualitätsmanagement.**

2.2. Beschwerdemanagement als Kern des Kundenbeziehungsmanagements (Customer Relationship Management – CRM)

Vorliegende wissenschaftliche Ergebnisse belegen eindeutig, dass nur sehr zufriedene Kunden dem Unternehmen treu bleiben und es weiterempfehlen. Drei Viertel der Kunden, die zu Wettbewerbern wechseln, stören sich an mangelnder Servicequalität. Es ist bis zu 6mal teurer, einen neuen Kunden zu gewinnen, als einen Kunden durch Betreuung an das Unternehmen zu binden. Und nicht zuletzt: Ein Unternehmen, das fünf Prozent mehr Kundenbindung erreicht, also weniger Abwanderung von Kunden zu verzeichnen hat, kann die Gewinne – je nach Branche – um 25 bis 85% erhöhen[9].

„Customer Relationship Management" (CRM Kundenbeziehungsmanagement) bezeichnet eine Unternehmens-Philosophie und -kultur, in deren Zentrum der Kunde steht und bei der sämtlich kundenbezogene Prozesse abteilungsübergreifend gesteuert werden. Im Mittelpunkt steht das Ziel, mit dem Kunden profitabel über einen langen Zeitraum zusammen zu arbeiten. Das erfordert vom Unternehmen die konsequente Ausrichtung aller Aktivitäten auf die Kundenperspektive mit gleichzeitiger Beachtung der Profitabilität und Ausrichtung auf die Wertschöpfung.

Zur Erreichung dieser Zielsetzung ist es notwendig, die entsprechenden Voraussetzungen auf technologischer, organisatorischer und personeller Ebene zu schaffen. Die Wirklichkeit ist gegenwärtig dadurch gekennzeichnet, dass man sich sehr häufig auf den technologischen Aspekt konzentriert. So notwendig moderne Informationssysteme und Softwareprogramme auch sind, sie nutzen wenig, wenn die Menschen in der Unternehmung nicht die Kompetenz zur Nutzung dieser Systeme besitzen und kein Verständnis für Ihre Kunden haben. Und auch dieses Wissen reicht letztendlich nicht aus, wenn die Mitarbeiter nicht motiviert sind oder die Organisationsstrukturen ihre Motivation untergraben und die Abläufe behindern.

---

[9] MÜLLER, W./ RIESENBECK, H.J Wie aus zufriedenen Kunden auch anhängliche Kunden werden, in Havard Manager 13.Jg., 1991, Nr. 3, S.67-79

Als integriertes Gesamtkonzept ist CRM somit ein entscheidender Faktor zu Steigerung des Unternehmenserfolgs. Verbesserte Kenntnisse über die Wünsche der Nachfrager bieten die Möglichkeit, deren Zufriedenheit langfristig und nachhaltig zu steigern und die Loyalität bzw. Bindungsbereitschaft der Kunden an das Unternehmen zu erhöhen. Dies hat wiederum unmittelbare Konsequenzen für die Kosten- und Gewinnsituation.

CRM ist der entscheidende Schlüssel, um

- eine engere Kundenbindung zu ermöglichen
- eine höhere Kundenzufriedenheit zu erreichen
- langfristig höhere Erträge zu erzielen.

CRM beinhaltet einen immerwährenden Prozess zur Verbesserung der Kundenzufriedenheit unter dem Aspekt steigender Kundenansprüche, um eine engere Kundenbindung zu erreichen.

CRM reduziert sich dabei nicht nur auf eine Technologie (bzw. dem bloßen Einsatz von Software), sondern umfasst auch Prozesse, Organisation und Menschen.

Die Pflege der Kundenbeziehungen nimmt einen strategischen Stellenwert in der Unternehmensführung ein:

- Kontaktaufnahme
- Kontaktpflege
- Abwicklung des eigentlichen Kundenauftrages
- Kundenservice

Um ein erfolgreiches Kundenbindungsmanagement betreiben zu können, ist es notwendig, den Kreislauf aus Kontaktaufnahme, Kontaktpflege, Auftragsbearbeitung und Kundenservice umfassend informationstechnisch zu unterstützen vermittels integrierter Informationssysteme. CRM soll einen durchgängigen Kundenservice ermöglichen, der alle Prozessstufen (vom Front-End des Kundendienstmitarbeiters bis hin zum Back-Office-Applikationen und Enterprise-Ressource-Planning Systemen sowie des Roll-Out) umfasst.

Der Kundenbeziehungszyklus (Customer Engagement Lifestyle –CEL) kann nur dann erfolgreich in der Praxis umgesetzt werden, wenn zuvor für jede Phase der umfassenden Kundenbeziehung der zu Grunde liegende Prozess eindeutig definiert wurde.

Der eigentliche Wert von CRM wird sichtbar, wenn sich die Kundenzufriedenheit in Kundentreue verwandelt.

- Jeder zufriedene Kunde bringt mindestens drei weitere Kunden.
- Ein unzufriedener Kunde erzählt sein Negativerlebnis zehn weiteren potentiellen Kunden.
- Die Wiederkaufrate steigt, je vertrauter und zufriedener Kunden mit den Leistungen ihres Lieferanten sind.
- Stammkunden weisen eine geringere Preisempfindlichkeit als Neukunden auf.
- Kundenorientierte Unternehmen können sogar höhere Preise verlangen als der Wettbewerb.
- Marketing- und Vertriebskosten zur Erhaltung der Kundenbeziehung sinken.
- Fünf Prozent weniger Kundenabwanderung können den Gewinn von Unternehmen um bis zu 85 Prozent erhöhen[10].

---

[10] TÖPFER,A. Kunde als König. Wirtschaftswoche 43/1996, S.86-94

Das Beschwerdemanagement wird **Kern des Kundenbeziehungsmanagments (Customer Relationship Management – CRM)** In konzeptioneller Hinsicht bietet das **CRM** mit der **Fokussierung auf Kundenbeziehungen** eine hervorragende Perspektive, die zu neuer Strukturierung kundenbezogener Managementaufgaben führt.[11]

---

[11] BRUHN, M. Relationship Marketing, das Management von Kundenbeziehungen. München: 2001, S. 41

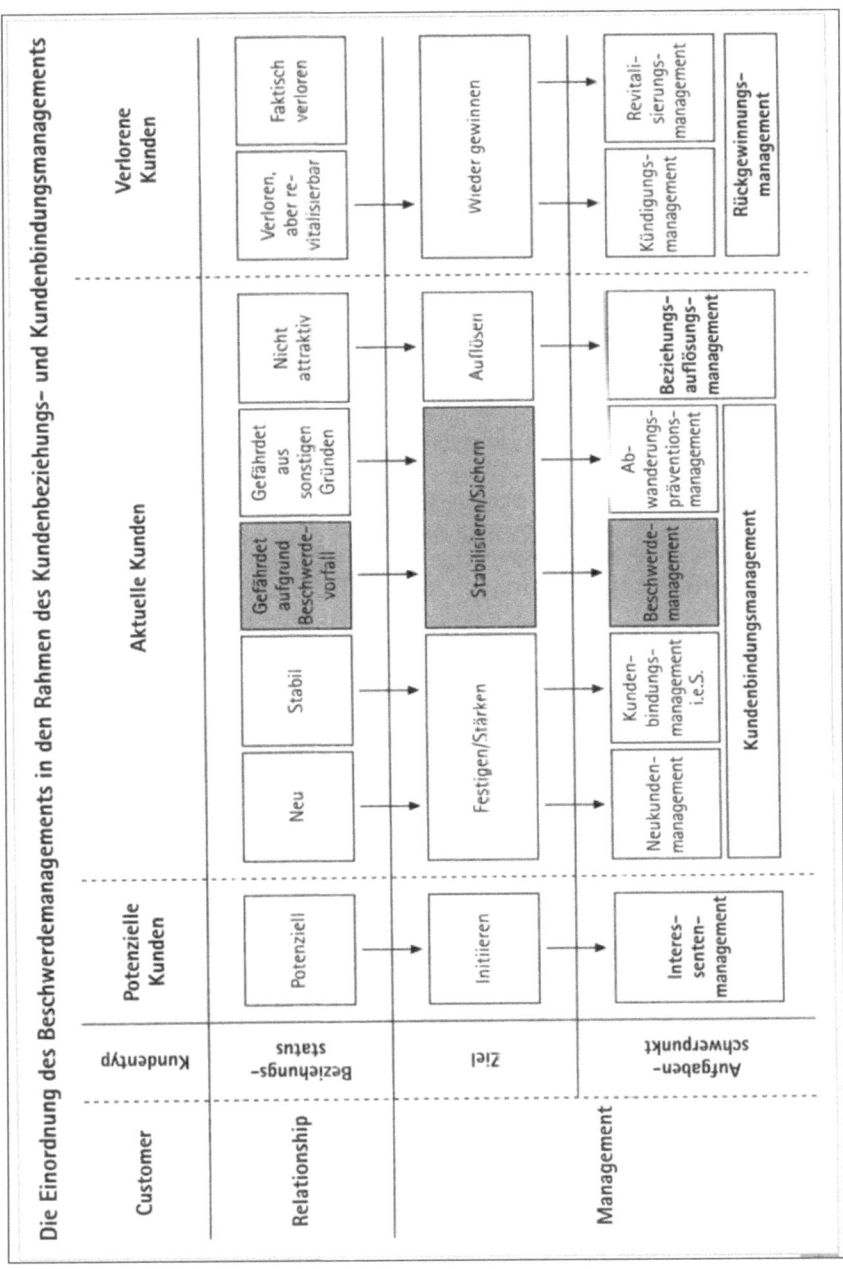

Abbildung 1: Die Einordnung des Beschwerdemanagements in den Rahmen des Kundenbeziehungs- und Kundenbindungsmanagement (Quelle: STAUSS,B./SEIDEL,W. Beschwerdemanagement 2007, S.32)

Im Rahmen des Kundenbindungs- und Kundenbeziehungsmanagement kommt dem Beschwerdemanagement eine besondere Bedeutung zu, denn beschwerende Kunden werden von sich aus aktiv und sind somit gefährdete Kunden. Sie gefährden unmittelbar Umsatz- und Deckungsbeitragspotenziale. Sich beschwerende Kunden befinden sich in einer Problemsituation und erwarten unmittelbare Lösung. Die Problemlösung schafft dem Unternehmen, die Basis, Vertrauen beim Kunden zu erreichen und Loyalität zu schaffen.

2.3. Ziele und Aufgaben des Beschwerdemanagement

2.3.1. Ziele des Beschwerdemanagement

Beschwerdemanagement beinhaltet einen komplexen unternehmerischen Handlungsbereich. Er umfasst die Planung, Durchführung und Kontrolle aller Maßnahmen, die ein Unternehmen im Zusammenhang mit Beschwerden ergreift[12].

Das **Globalziel** des Beschwerdemanagement liegt darin, Gewinn und Wettbewerbsfähigkeit des Unternehmens dadurch zu erhöhen, das Kundenzufriedenheit wiederhergestellt, die negativen Auswirkungen von Kundenunzufriedenheit auf das Unternehmen minimiert und die in Beschwerden enthaltenen Hinweise auf betriebliche Schwächen und marktliche Chancen genutzt werden[13].

Ziele des Beschwerdemanagements

Globalziel	• Erhöhung von Gewinn und Wettbewerbsfähigkeit
Kundenbeziehungs-relevante Teilziele	• Stabilisierung gefährdeter Kundenbeziehungen bzw. Vermeidung von Kundenverlusten durch Herstellung von (Beschwerde-)Zufriedenheit • Erzielung von Mehrkäufen durch Erhöhung von Kaufintensität und Kauffrequenz sowie Förderung des Cross-Buying-Verhaltens • Förderung eines kundenorientierten Unternehmensimages • Schaffung zusätzlicher werblicher Effekte mittels Beeinflussung der Mundkommunikation
Qualitätsrelevante Teilzeile	• Verbesserung der Qualität von Produkten und Dienstleistungen durch Nutzung der in Beschwerden enthaltenen Informationen • Vermeidung externer Fehlerkosten • Vermeidung interner Fehlerkosten
Produktivitäts-relevantes Teilziel	• Effiziente Aufgabenerfüllung

Abbildung 2: Ziele des Beschwerdemanagements (Quelle: STAUSS,B./SEIDEL,W. Beschwerdemanagement 2007, S. 79)

---

[12] WIMMER,F. Beschwerdepolitik als Marketinginstrument, in: HANSEN, U./ SCHOENHEIT, Verbraucherabteilungen in privaten und öffentlichen Unternehmen, Frankfurt am Main: 1995, S.225-254

[13] STAUSS, B. Beschwerdepolitik als Instrument des Dienstleistungsmarketing, in: Jahrbuch der Absatz- und Verbrauchsforschung, 35. Jg., Nr.1.: 1989 S.41-62 + STAUSS,B. Kundenbindung durch Dialog mit dem unzufriedenen Bürger, in: Frankfurter Brief für Unternehmensführung: 1993 4.Jg., September, S.1-4

Nach Stauss/Seidel [14] lassen sich weitere unternehmensbezogene **Ziele des Be-schwerdemanagements** ableiten:

- Herstellung von (Beschwerde-)Zufriedenheit. Durch eine schnelle Beschwerdebe-arbeitung und problemgerechte Falllösung soll Beschwerdezufriedenheit erreicht werden, um Einstellungsverbesserungen, Kundenbindung und Markentreue zu er-reichen.

- Vermeidung von Kosten anderer Reaktionsformen unzufriedener Kunden. Da be-schwerende Kunden ihre Unzufriedenheit direkt gegenüber dem Unternehmen ar-tikulieren, erhält diese Gelegenheit, das aufgetretene Problem selbst zu lösen. In-sofern sollen mit Hilfe des Beschwerdemanagements die Kosten anderer Reaktionsformen unzufriedener Kunden (wie Abwanderung zum Wettbewerber, negative Mundkommunikation oder Einschaltung von Medien) vermieden wer-den.

- Umsetzung und Verdeutlichung einer kundenorientierten Unternehmensstrategie. Die Existenz eines aktiven Beschwerdemanagement ist sichtbarer Ausdruck un-ternehmerischer Kundenorientierung. Deshalb dient es unternehmensextern zur Entwicklung und Aufrechterhaltung eines kundennahen Unternehmensimages. Unternehmensintern zielt das Beschwerdemanagement durch die Institutionalisie-rung eines kritischen Kundenfeedbacks auf die Implementierung kundenorientier-ten Denkens und Handelns.

- Schaffung zusätzlicher akquisitorischer Effekte mittels Beeinflussung der Mund-kommunikation. Durch die Wiederherstellung von Kundenzufriedenheit soll nicht nur negative Mundkommunikation verhindert, sondern durch positive Mundkom-munikation zur Beeinflussung der Einstellung potentieller Kunden erreicht wer-den.

---

[14] STAUSS, B.; SEIDEL,W. Beschwerdemanagement. Kundenbeziehung erfolgreich managen durch Customer Care. München/ Wien: 2002, S. 79

- Auswertung und Nutzung der in Beschwerden enthaltenen Informationen. Beschwerden enthalten wichtige Informationen über die vom Kunden wahrgenommenen Probleme und damit ein hohes Ideenpotenzial für Verbesserungen und Innovationen. Insofern soll der Informationsgehalt von Beschwerden systematisch für Maßnahmen des Qualitätsmanagements und der Produktplanung genutzt werden.

- Reduzierung interner und externer Fehlerkosten. Als Folge der Auswertung von Beschwerdeinformationen sollen Korrekturmaßnahmen eingeleitet werden, die dazu führen, das Falsch- und Doppelarbeit vermieden, Gewährleistungskosten gesenkt, Garantieinanspruchnahmen reduziert werden u.ä..

Die Erreichung dieser Beschwerdemanagement-Ziele erfordert es, für unzufriedene Kunden leicht zugängliche Beschwerdekanäle zu schaffen, eine sach- und problemgerechte Beschwerdereaktion und –Bearbeitung vorzunehmen sowie Beschwerden systematisch hinsichlich ihres informatorischen Gehaltes auszuwerten. Dementsprechend liegen die wesentlichen Aufgaben des Beschwerdemanagements in den Bereichen der Beschwerdestimulierung, Beschwerdeannahme, Beschwerdebearbeitung und –Reaktion sowie in der Beschwerdeauswertung[15].

---

[15] BRUHN, M./HOMBURG, C. Handbuch Kundenbindungsmanagement; Wiesbaden: 2003, S.312-313

17

2.3.2. Aufgaben des Beschwerdemanagement

Das Beschwerdemanagement beinhaltet insgesamt acht Aufgabenkomplexe. Vier davon sind kundenbezogen und beeinflussen direkt die Beziehung zum Kunden (direkter Beschwerdemanagementprozess). Die restlichen Aufgaben sind ohne direkten Kundenbezug und besitzen vor allem für das Qualitätsmanagement entscheidende Bedeutung (indirekter Beschwerdemanagementprozess).

Der Beschwerdemanagementprozess im Überblick

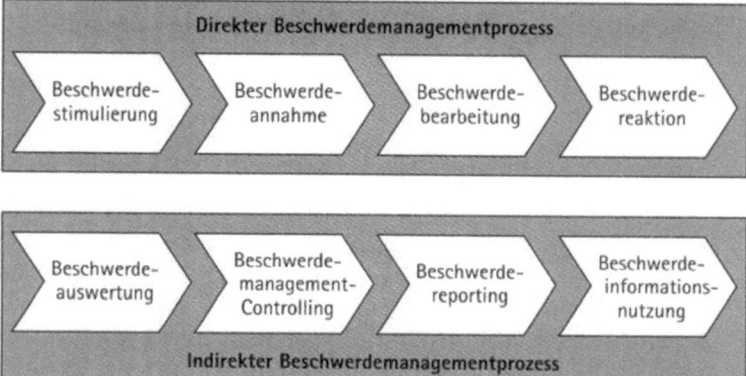

Abbildung 3: Der Beschwerdemanagementprozess im Überblick (Quelle: STAUSS,B./SEIDEL,W. Beschwerdemanagement 2007, S. 82)

2.4. Rahmenfaktoren des Beschwerdemanagement

Die **personalpolitische Herausforderung** besteht darin, dass alle Mitarbeiter mit Kundenkontakt auf Beschwerdesituationen vorbereitet werden und die dafür notwendigen Qualifikationen vermittelt bekommen. Das betrifft Serviceorientierung, Sozial- und Emotionalkompetenz sowie Fach- und Methodenkompetenz und hohe Führungskompetenz.

Die **organisatorischen Aspekte** klären, wie der Bereich Beschwerdemanagement in die Unternehmensstruktur eingeordnet werden kann. Es geht um Einrichtung zentraler Anlaufstellen für Kunden, die einfach erreichbar sind. Der Einfluss des Be-

18

schwerdemanagement wird mit Übertragung entsprechender Rechte gewährleistet. Verbunden mit Abbau der Hierarchietiefe und Kompetenzübertragung. **Technologische Erfordernisse** bedingen einen abgestimmten, koordinierten Einsatz der verschiedenen Möglichkeiten (Software, Hardware, Einbindung in CRM-Aktivitäten, Erfassung, Bearbeitung, Auswertung und Dokumentation, Nutzung Internet und Intranet). im Rahmen eines umfassenden Management- und Führungskonzeptes. Zusammenfassend geht es um das zielgerichtete **Managen** der **Verhaltens – Entscheidungs- und Informationskomponente.**

Das Beschwerdemanagement im Überblick

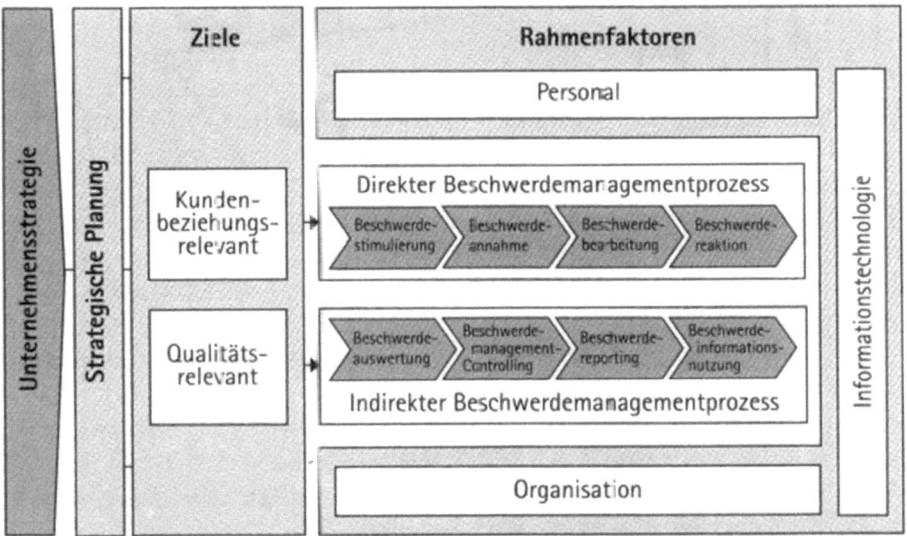

Abbildung 4: Das Beschwerdemanagement im Überblick (Quelle: STAUSS,B./SEIDEL,W. Beschwerdemanagement 2007, S. 89)

2.5. Einordnung des Beschwerdemanagement in Managementkonzepte

Die Diskussion neuer Managementkonzepte setzte in Deutschland Anfang der 90er Jahre ein. Zu den neuen Managementkonzepten sind vor allem KAIZEN (mit den Varianten KVP – Kontinuierlicher Verbesserungsprozess), umfassendes Qualitätsmanagement bzw. Total Quality Management sowie Integratives bzw. Integriertes Management zu zählen. Zusätzlich wird die Lernende Organisation betrachtet, wonach die Entwicklung zu einem Managementkonzept hier noch offen ist.

Neben dem Prinzip der kontinuierlichen Verbesserung besitzen die neuen Managementkonzepte verschiedene Gemeinsamkeiten, wobei sich allerdings die Ausprägungsformen zum Teil deutlich unterscheiden:

- Veränderte Organisationskultur erforderlich: Die stärkere Einbindung der Mitarbeiter in das Unternehmensgeschehen erfordert Veränderungen der Organisationskultur und das Erstellen gemeinsamer Leitlinien[16].
- Betrachtung der gesamten Organisation: Im Vordergrund stehen nicht mehr einzelne Bereiche oder Funktionen, sondern die gesamte Organisation
- Reduzierung der organisatorischen Komplexität: Schlagworte wie Dezentralisierung, die Bildung kleiner, flexibel operierender Einheiten, Hierarchieabbau usw. sollen die Komplexität der betrieblichen Abläufe reduzieren[17].
- Integration EDV-technischer Möglichkeiten: Alle neuen Managementkonzepte gehen davon aus, dass die Zugänglichkeit von Informationen als technisches Problem gelöst ist und damit alle organisatorischen Lösungen EDV-technisch realisiert werden können.

---

[16] ZINK,K.J.TQM als integratives Managementkonzept, München, Wien: 1995a, S.23

[17] SPUR,G Wandel der industriellen Produktion – Herausforderungen an Führung und Führungsstrukturen.1995: S.141

- Kundenorientierung: Die Zufriedenheit der Kunden steht im Vordergrund der Aktivitäten des Unternehmens. Dabei werden neben den externen auch interne Kunden einbezogen

- Wertschöpfung – bzw. Prozessorientierung: Die betrieblichen Abläufe werden im Hinblick auf ihren Beitrag zur Wertschöpfung betrachtet. Die funktionelle Arbeitsteilung wird durch eine stärkere Betonung der „Prozesskomponenten" überwunden, um damit eine stärkere Ausrichtung auf die Bedürfnisse der Kunden zu ermöglichen[18].

- (Wieder-)Entdeckung des Menschen als zentraler Erfolgsfaktor: Die neuen Managementkonzepte heben den Menschen als wichtigste Ressource des Unternehmens hervor. Dabei sollen die Leistungs- und Kreativitätspotentiale jedes Mitarbeiters genutzt werden[19]

- Gruppen- bzw. Teamarbeit als bevorzugte Arbeitsform: Vor allem auf der ausführenden Ebene werden verschiedene Formen der Gruppenarbeit als bestmögliche Arbeitsform propagiert.

KAIZEN steht für das Konzept der kontinuierlichen Verbesserung. Dabei ist folgendes kennzeichnend:

- KAIZEN als prozessorientiertes Management, d.h. Verbesserungen werden zunächst unabhängig vom Ergebnis angestrebt und umgesetzt.

- KAIZEN bedeutet Innovation in kleinen Schritten.

- KAIZEN als Veränderungsprozess auf verschiedenen Ebenen.

Der Grundgedanke von KAIZEN – die kontinuierliche Verbesserung aller Abläufe ist zugleich auf die Elemente und Arbeitsweisen in Projektgruppen, Problemlösungsgruppen sowie dem betrieblichen Vorschlagswesen anwendbar.

---

[18] ZINK,K.J. Die Entwicklungen der Arbeitsstrukturen im sozio-technischen Wandel – Ein Überblick. München: 1995b, S:22

[19] ZINK,K.J.TQM als integratives Managementkonzept, München, Wien: 1995a, S.13

Die Kultur des ständigen Verbesserns der Organisation ist wünschenswert und hilfreich, wenn sie unter Einbeziehung aller Mitarbeiter auf allen Ebenen stattfindet. Dazu sind allerdings strukturelle Rahmenbedingungen zu schaffen, zu denen z.B. die Veränderung der Belohnungssysteme und Anerkennungspraktiken gehören.

Das **Total Quality Management (TQM) Konzept** begreift den Kunden als Orientierungsgröße einer qualitätsorientierten Unternehmensführung. Das heißt, die Unternehmen richten sich konsequent an den Erwartungen des Kunden aus, um dadurch ihre Wettbewerbsfähigkeit zu erhöhen. Damit soll ein hohes Maß an Kundenzufriedenheit und Kundenbindung erreicht werden.

Die Umsetzung dieses Anspruchs ist in der Praxis problembehaftet. Das betrifft die Diskrepanzen **(Gaps)** zwischen den Wahrnehmungen des Kunden in Bezug auf die Dienstleistungsqualität und den Vorstellungen des Unternehmens. Die Ziele des Beschwerdemanagement lassen sich nur erfüllen, wenn die Erwartungen des Kunden in Bezug auf die Serviceleistungen und damit Kundenorientierung des Unternehmens erfüllt werden. Daraus resultierende Verbesserungen dienen auch als Ansatzpunkt zur strategischen Weiterentwicklung des Unternehmens. Sie betreffen Maßnahmen im Personalmanagement, der internen und externen Kommunikationspolitik, im Einsatz der Marktforschung, der Veränderung von Organisationsstrukturen, der Nutzung von Informationssystemen und im Bereich Controlling.

In der Wissenschaft findet dabei der entwickelte Ansatz – das sogenannte **GAP-Modell** – von Parasuraman/Zeithaml/Barry [20] seine Anwendung.

Die **DIN EN ISO 8402** bezeichnet Total Quality Management (TQM) als eine „ auf der Mitwirkung aller ihrer Mitglieder gestützte Managementmethode einer Organisation, die Qualität in den Mittelpunkt stellt und durch Zufriedenstellung der Kunden

---

[20] PARASURMAN, A.; ZEITHAML, V.A.; BERRY, L. A Conceptual Model of Service Quality and its Implications for Future Research, in: Journal of Marketing. 1985, S. 57

auf langfristigen Geschäftserfolg sowie auf Nutzen für die Mitglieder der Organisation und für die Gesellschaft zielt."[21].

Unter der Bezeichnung „Qualitätsmanagement-Kundenzufriedenheit-Leitfaden für die Behandlung von Reklamationen" existiert seit 2005 die Norm **DIN ISO 1002 2010** zum Thema Beschwerdemanagement. Sie steht in engem Zusammenhang mit der Norm ISO 9001:2000. Sie beinhaltet wesentliche Begrifflichkeiten und die Beschreibung von Prinzipien, zentralen Aufgaben und Hilfsmitteln des Beschwerdemanagements.

Das Prozessmodell des Qualitätsmanagements nach DIN EN ISO 9001:2000

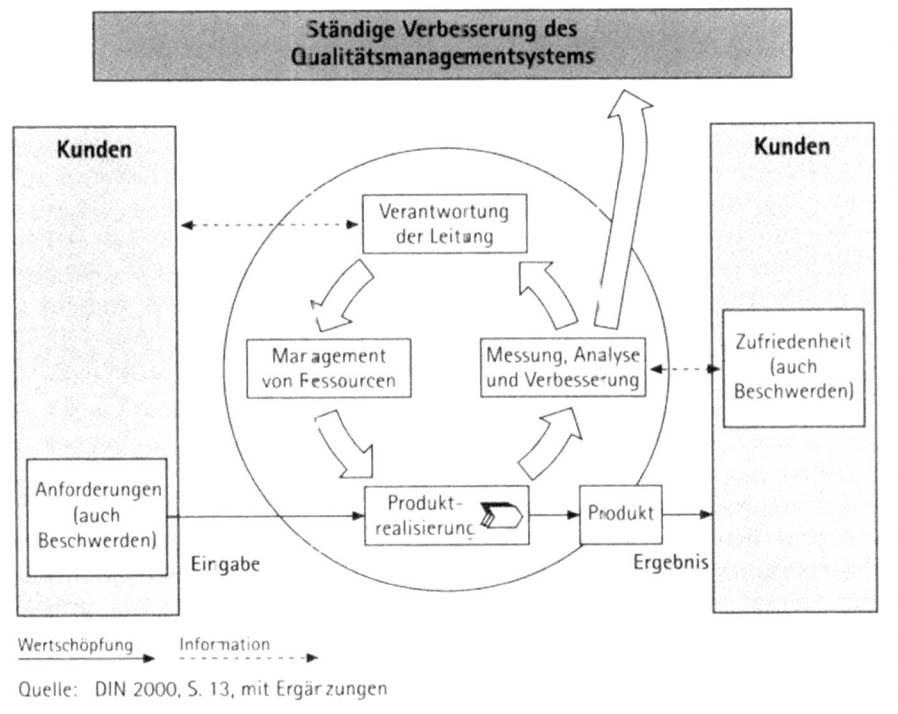

Abbildung 5: Das Prozessmodell des Qualitätsmanagement nach DIN EN ISO 9001:2000 (Quelle: DIN 2000, S.13 mit Ergänzungen)

---

[21] DIN 1995b, S.18

Qualität wird als Managementaufgabe mit folgenden charakteristischen Bestandteilen verstanden[22]:

- konsequente Anwendung statistischer Methoden,
- Übergang von ergebnis-zu verstärkt präventivorientierten Maßnahmen,
- Qualität als unternehmensweite Aufgabe,
- Reintegration der Qualitätsverantwortung für die Linie,
- Top-Down-Ansatz,
- Schaffung von personellen, technischen und organisatorischen Voraussetzungen, welche die Mitarbeiter bei der Übernahme der Qualitätsverantwortung unterstützen und die Mitwirkung an Qualitätsverbesserungs- und-Förderungsmaßnahmen begünstigen,
- Durchführung umfassender Schulungsmaßnahmen
- Verstärkte Kundenorientierung

Die Philosophie von TQM schließt grundlegende Überzeugungen ein, ohne die derartige Ansätze nicht funktionieren können. Ansatzpunkte hierzu finden sich u.a. bei Schildknecht, der als Elemente einer umfassenden Qualitätspolitik die Aspekte

- erweiterter Qualitätsbegriff,
- Qualität als strategisches Unternehmensziel,
- Qualität als unternehmensweite Aufgabe und
- Prävention

anführt[23].

Dabei wird deutlich, dass TQM keine Aufgabe einer speziellen Qualitätsabteilung ist, sondern vielmehr durch die Leitung initiiert und gefördert werden muss. Aus dem Aspekt, dass Qualität eine organisationsweite Aufgabe ist, folgt die Notwendigkeit der Einbeziehung aller Mitglieder und einer entsprechenden Organisationskultur.

---

[22] ISHIKAWA,K. What is Total Quality Control?, New York:1985, S. 91

[23] SCHILDKNECHT, R. Total Quality Management-Konzeption und State of the Art, Frankfurt, New York: 1992, S.118-124

Dies ist nur durch personelle und strukturelle Veränderungsmaßnahmen möglich, weshalb Zink die Einführung von TQM als Organisationsentwicklungsprozess versteht[24]. Der TQM-Prozess berücksichtigt dabei gleichermaßen die vier Kernelemente Ergebnis-, Kunden-, Prozess- und Mitarbeiterorientierung.

Qualität lässt sich nur im Rahmen eines unternehmensweiten Konzeptes realisieren. Die neun Elemente des **EFQM-Modells** machen das deutlich. Führung, Mitarbeiter, Politik und Strategie, Partnerschaften und Ressourcen sowie Prozesse sollen das Unternehmen befähigen, für alle wesentlichen unternehmerischen Bezugsgruppen (Anteilseigner, Kunden Mitarbeiter und Gesellschaft) exzellente Ergebnisse zu erbringen.

Relevanz des Beschwerdemanagements im EFQM-Modell für Exzellenz

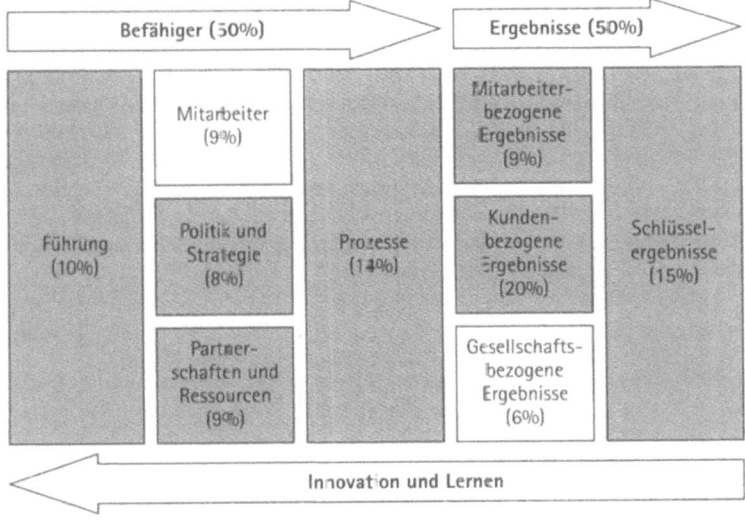

Elemente, für die das Beschwerdemanagement primäre Relevanz besitzt.

Quelle: EFQM 2003, S. 28

Abbildung 6: Relevanz des Beschwerdemanagements im EFQM-Modell für Exzellenz (Quelle: EFQM 2003, S.28)

---

[24] ZINK, K.J. Total Quality Management als Organisationsentwicklung, München: 1994b, S.337-361

Das Modell geht von folgender Prämisse aus[25]:

„Exzellente Ergebnisse im Hinblick auf Leistung, Kunden, Mitarbeiter und Gesellschaft werden durch eine Führung erzielt, die Politik und Strategie mit Hilfe der Mitarbeiter, Partnerschaften und Ressourcen sowie der Prozesse umsetzt." Gekennzeichnet ist das Modell durch die klare Trennung in „Befähiger" und „Ergebnisse". Die Befähiger-Kriterien befassen sich mit der Frage, wie das Unternehmen bezüglich der einzelnen Kriterien vorgeht. Die Ergebnis - Kriterien beziehen sich darauf, was die Organisation erreicht hat. Hier wird untersucht, welchen Erfolg die in den Befähiger - Kriterien beschriebenen Ansätze haben. Das Beschwerdemanagement trägt sowohl Befähiger- und Ergebniskriterien in sich.

Innerhalb des Modells ist der Stellenwert des Beschwerdemanagement als hoch einzuschätzen. Kundenprobleme signalisieren immer ein Defizit an Exzellenz. Beschwerden sind Qualitätsindikatoren und Kundeninput für permanente Verbesserungen in der Organisation. Alle Elemente profitieren von einem zunehmend aktiven Beschwerdemanagement. Aktives Beschwerdemanagement beeinflusst vor allem die Modellelemente Führung, Politik und Strategie, Partnerschaften und Ressourcen, Prozesse und kundenbezogene Ergebnisse. Führungskräfte bemühen sich um Kundenanliegen, Beschwerden dienen als wesentliche Form von Kundenfeedback und Beschwerdeinformationen werden als Teil eines kundenbezogenen Wissensmanagement verstanden. Prozesse orientieren sich strikt an Kundenbedürfnissen und Kundenerwartungen daraus erwachsende Verbesserungen dienen dem Kundennutzen und Steigern die Kundenzufriedenheit. Ökonomische Ergebnisse werden durch die Kundenstabilisierung positiv beeinflusst. Die Mitglieder der Organisation selbst ziehen Profit. Die aus Beschwerden resultierenden Veränderungen können zu Mitarbeitermotivation führen, die wiederum die Verbesserung mitarbeiterbezogener Ergebnisse einschließt.

---

[25] EFQM - Das EFQM-Modell für Excellence. Brüssel: 2003/ 2006, S. 12

Die aktuellste Version des **EFQM-Modells 2013** berücksichtigt auch im Weiteren die dargestellten Grundprinzipien. Es gibt **keine** Änderungen der Kriterien, aber eine Weiterentwicklung und auf aktuelle Trends angepasste Version. Die Neuerungen beziehen sich auf Grundkonzepte, Radarlogik, Ansatzpunkte in der Weiterentwicklung der Organisation (z.B. Gruppengespräche); Praktikerwissen, dem Wissensaustauch und der Reflexion in passenden Arbeitsformen.

Aufgrund der großen Bedeutung dieses Themas haben sich schon in den 70 er - Jahren Forschungsinstitute in den USA mit der Frage auseinandergesetzt, wie ein effizientes Beschwerdemanagement organisiert wird und welche Auswirkungen ein konstruktiver Umgang mit Beschwerden auf die Kundenzufriedenheit haben kann (**TARP**)[26]. Ziel muss es sein, das Vertrauen des Kunden in die Leistungsfähigkeit der Organisation wiederzugewinnen bzw. zu erhöhen.

Mit dem **Modell des angemessenen Mitarbeiterverhaltens in der Beschwerdesituation** wird auf das Wechselverhältnis zwischen Beschwerdeführer, Mitarbeiter und Management eingegangen. Um Beschwerdesituationen zu managen sind hohe Ansprüche an das Verhalten, die Einstellung und Qualifikation der Mitarbeiter und Führungskräfte gestellt. Die Unternehmensführung hat die entsprechenden Rahmenbedingungen zu schaffen, um gezielt den Prozess einer effizienten Problemlösung für den Kunden zu beeinflussen.

---

[26] TARP Consumer Complaint Handling in America: Final Report. Washington DC: 1979, S. 52

27

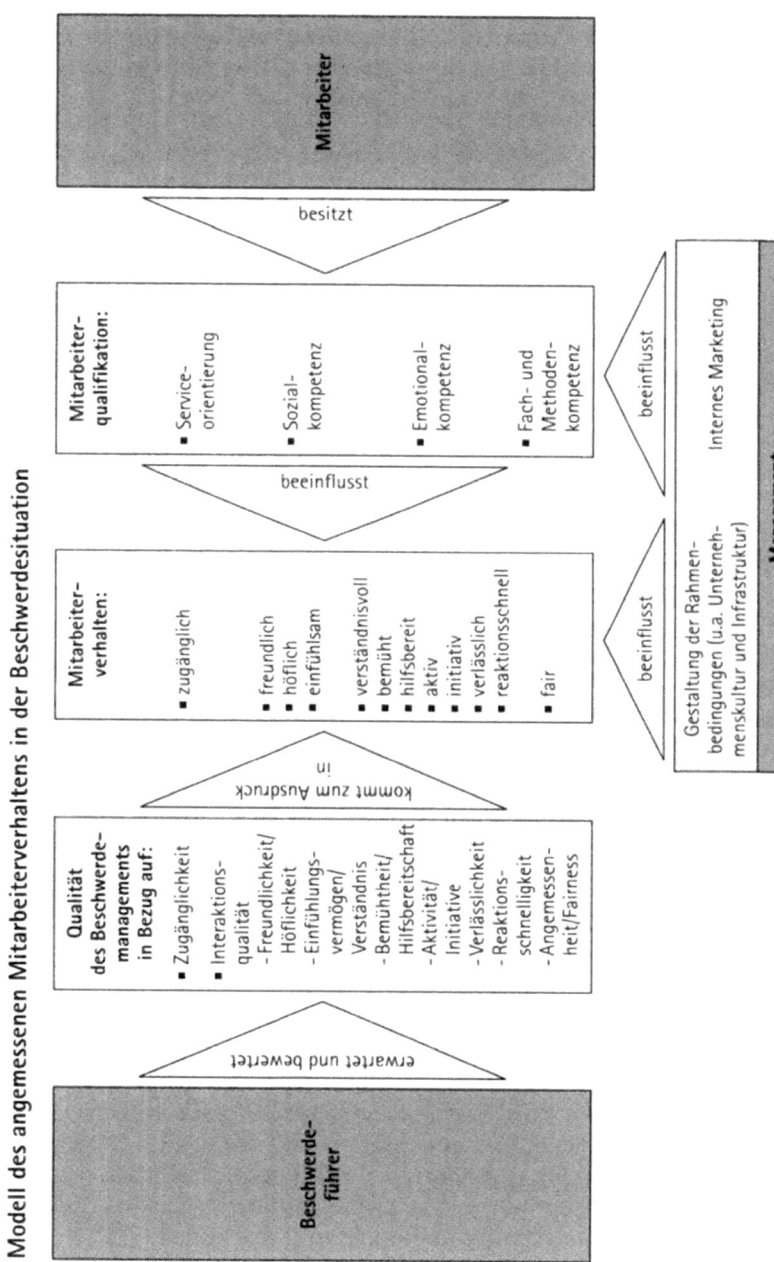

Abbildung 7: Modell des angemessenen Mitarbeiterverhaltens in der Beschwerdesituation (Quelle: STA JSS,B./ SEIDEL,W. Beschwerdemanagement 2007, S.488)

2.6. Zusammenhang von Beschwerdemanagement, Kundenbindung und Kundenzufriedenheit

Um Kundenbindung zu erreichen, sind grundsätzlich zwei Strategien denkbar. Zum einen bietet sich die Möglichkeit, den Kunden im Rahmen einer **Gebundenheitsstrategie** an das Unternehmen zu binden. Hierbei schränkt der Aufbau von Wechselbarrieren die Freiheit der Klientel ein[27]. Zum anderen kann der Anbieter bei der **Kundenzufriedenheit** ansetzen und somit beim Abnehmer eine **Verbundenheit** erzeugen, die ihn dazu bewegt, sich freiwillig zu binden[28].

Vorliegende wissenschaftliche Ergebnisse belegen eindeutig, dass nur sehr zufriedene Kunden dem Unternehmen treu bleiben und es weiterempfehlen. Drei Viertel der Kunden, die zu Wettbewerbern wechseln, stören sich an mangelnder Servicequalität. Es ist bis zu 6mal teurer, einen neuen Kunden zu gewinnen, als einen Kunden durch Betreuung an das Unternehmen zu binden. Und nicht zuletzt: Ein Unternehmen, das fünf Prozent Kundenbindung erreicht, also weniger Abwanderung von Kunden zu verzeichnen hat, kann die Gewinne – je nach Branche – um 25 bis 85% erhöhen[29].

Damit dominiert ein Beziehungsmarketing als erweiterter Marketingansatz. Hierbei geht es darum, auf der Basis klar erkannter Kundenforderungen den Kundennutzen der angebotenen Marktleistung zu fokussieren und die Kundenvorteile klar herauszuarbeiten. Ziel ist es, über die durch den Kauf und die Nutzung der Marktleistung er-

---

[27] (vgl. zur Kundenbindung im Folgenden Bruhn/ Homburg 2005; Diller/ Müllner 1998; Homburg/ Bruhn 2005; Stauss 1997; Weinberg/ Terlutter 2005; Hartmann/ Kreutzer/ Kuhfuß 2004 - Profitable Kundenorientierung durch Customer Relationship Management(CRM)

[28] (vgl. hierzu im Bankensektor Lohmann 1997 – Profitable Kundenorientierung durch Customer Relationship Management (CRM))

[29] MÜLLER/ RIESENBECK Wie aus zufriedenen auch anhängliche Kunden werden, in: Harvard Manager 13. Jg. 1991, Nr.3, S. 67-69)

reichbare Kundenzufriedenheit ein hohes Maß an Kundenloyalität und Kundenbindung aufzubauen[30].

Unverzichtbar im Zusammenhang mit einem erfolgreichen **Kundenzufriedenheits- und Kundenbindungsmanagement** ist ein systematisches **Beschwerdemanagement. Kundenbindung** umfasst sämtliche Maßnahmen eines Unternehmens, die darauf abzielen, sowohl die bisherigen als auch die zukünftigen Verhaltensabsichten eines Kunden gegenüber einem Anbieter oder dessen Leistungen positiv zu gestalten, um die Beziehung zu diesem Kunden für die Zukunft zu stabilisieren bzw. auszuweiten.[31 und 32]

Kundenbindungsmanagement als die systematische Analyse, Planung, Durchführung sowie Kontrolle sämtlicher auf den aktuellen Kundenstamm gerichteten Maßnahmen eines Unternehmens mit dem Ziel, das die Kunden auch in Zukunft die Geschäftsbeziehung aufrechterhalten oder intensiver pflegen.[33]

Folgende **Merkmale** sollen aus dem dargestellten Begriffsverständnis der Kundenbindung bzw. des Kundenbindungsmanagement hervorgehoben werden:

- **Stammkundenorientierung:** Der Fokus der Kundenbindung liegt auf der Gestaltung der Geschäftsprozesse mit den aktuellen Kunden.

---

[30] WHITELY Der Kunde ist ihr Boss-Die kundenorientierte Firma, Freiburg 1993 – TÖPFER,A. Kunde als König, in Wirtschaftswoche, Heft Nr.43/1996, 17.10.1996e, S.86-94

[31] DILLER, H. Kundenbindung als Marketingziel, in: Marketingzeitschrift für Forschung und Praxis. 1996, S. 17

[32] MEYER, A.; OEVERMANN, U. Kundenbindung, in: Tietz/ Köhler/ Zentes (Hrsg.): Handwörterbuch des Marketing 2.Aufl..Stuttgart: 1995, S. 123

[33] HOMBURG, Chr.; BRUHN, M. Kundenbindungsmanagement. Eine Einführung in die theoretischen und praktischen Problemstellungen, in: Bruhn/ Homburg (Hrsg.): Handbuch Kundenbindungsmanagement. Grundlagen, Konzepte, Erfahrungen, 3. Aufl.. Wiesbaden: 2000, S. 127

- **Managementprozess:** Kundenbindung ist ein Managementprozess, in dem die Beziehungen zu den bestehenden Kunden systematisch analysiert, geplant, realisiert und kontrolliert werden müssen.

- **Langfristigkeit:** Im Mittelpunkt der Kundenbindung stehen keine kurzfristigen Geschäftsabschlüsse, sondern die langfristige Gestaltung der Geschäftsbeziehungen.

- **Geschäftsprozesse:** Kundenbindung dient dem Ausbau der Geschäftsbeziehung auf unterschiedlichen Ebenen (Wiederkauf; Weiterempfehlung, Cross Buying usw.)

- **Zukunftsorientierung:** Innerhalb des Kundenbindungsmanagements wird der zukünftig zu erwartende Kundenwert betrachtet.

Die **Kundenbindung** soll sich zunehmend einbinden lassen in das **Zielsystem der Unternehmung**. Kundenbindung ist eine mehrdimensionale Zielgröße, die ebenso wie die Mitarbeiterbindung, erheblichen Einfluss auf den langfristigen Erfolg eines Unternehmens hat.[34 und 35]

---

[34] FRITZ, B. Marketing-Management und Unternehmenserfolg. Grundlagen und Ergebnisse einer empirischen Forschung 2. Aufl.. Stuttgart: 1995, S. 72

[35] GRUND, P. Interaktionsbeziehungen im Dienstleistungsmarketing. Zusammenhänge zwischen Zufriedenheit und Bindung von Kunden und Mitarbeitern, Diss. Universität Basel. Wiesbaden: 1990

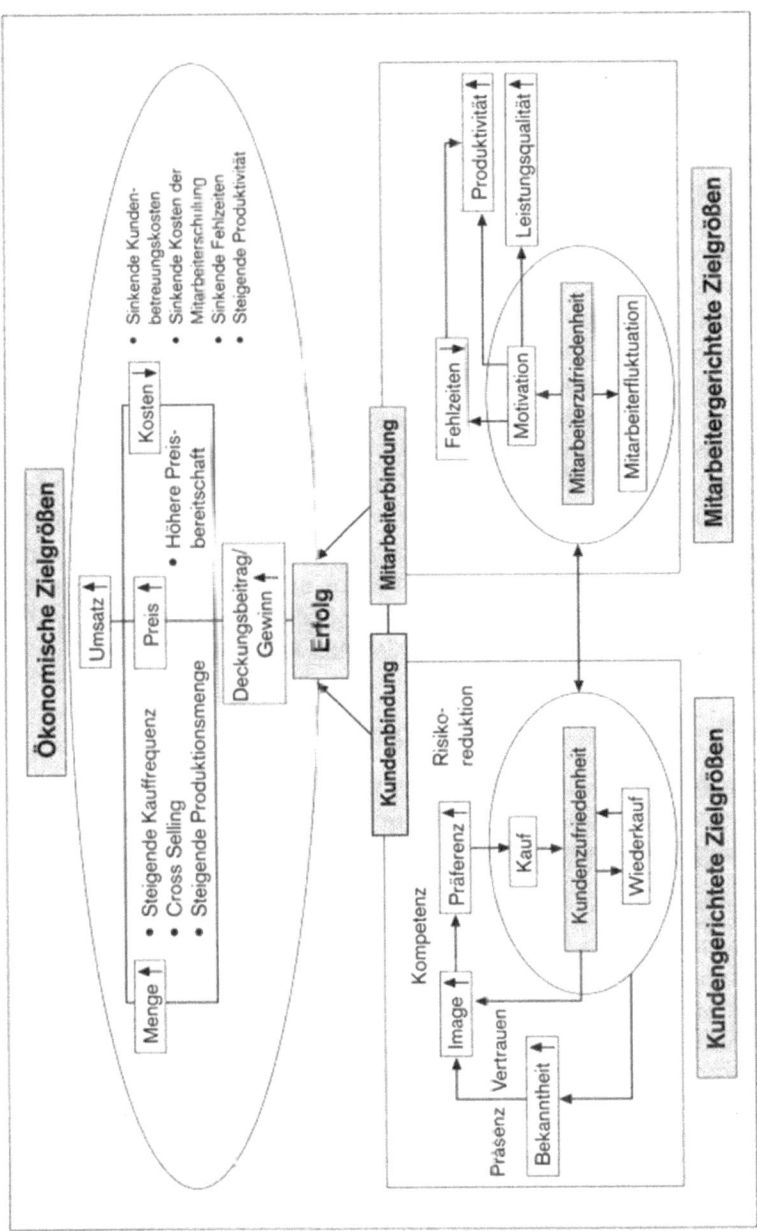

Abbildung 8: Kundenbindung im Zielsystem des Unternehmens (Quelle: BRUHN,M. Kundenorientierung 2003, S.109)

33

Betrachtet man die Umsatzkomponente so wird ersichtlich, dass freiwillig gebundene Kunden teilweise eine höhere Preisbereitschaft aufweisen als nicht gebundene Kunden. Die Effekte hieraus liegen auf der Hand: Es ergibt sich ein mögliches Preissteigerungspotential für das Unternehmen, die Verkaufsmenge kann gesteigert werden, Cross-Buying Effekte lassen sich besser ausschöpfen. Das führt zu Umsatz- und Gewinnsteigerungen.

Die Kostenseite erfährt ebenfalls positive Effekte. Sinkende Kundenbetreuungskosten werden erreicht durch die Fokussierung auf die wichtigen und treuen Kunden. Durch neue Interaktionsformen – wie dem Internet – können Transaktionskosten gesenkt werden. Die Ziele lassen sich nur durch die Umsetzung Mitarbeiter gerichteter Zielgrößen umsetzen. Das wird durch die Annahme unterstrichen, dass zufriedene Mitarbeiter die Basis für den Aufbau von Kundenzufriedenheit und Kundenbindung sind. Sollte dem so sein, liegt das nachhaltige Ziel des Unternehmens darin, die Motivation der Mitarbeiter zu steigern. Damit ließen sich Produktivität und Leistungsfähigkeit erhöhen. Mitarbeiter würden enger an das Unternehmen gebunden.

2.7. Kundenzufriedenheit

Kundenzufriedenheit ist in allen Aktivitäten zur Kundenorientierung ein zentraler Maßstab und ein festes strategisches Ziel. Denn zufriedene Kunden kommen und kaufen wieder. Kundenzufriedenheit bildet damit einen der wichtigsten Pfeiler des langfristigen Geschäftserfolges.

Dies geht einher mit dem wachsenden Verständnis, dass das Beziehungsmarketing zum Kunden immer wichtiger wird. Kurzfristiges Ziel ist zwar einen Verkaufserfolg zu erzielen, langfristig geht es jedoch darum, den Verbraucher zum Wiederkauf zu bewegen und ihn als Kunden zu halten. Die Kundenzufriedenheit bildet dabei eine entscheidende Weichenstellung in diesem Prozess.

Ist der Kunde unzufrieden, verliert das Unternehmen den Kunden voraussichtlich an die Konkurrenz. Im schlimmsten Fall bewegt der verärgerte Käufer durch negative Mund-zu-Mund-Propaganda andere Verbraucher dazu, ebenso vom Produkt Abstand zu nehmen.

Die Kundenzufriedenheit entscheidet demnach über die beiden Alternativen „Erfolg" oder „Misserfolg". Dabei greifen die Bausteine der Kundenzufriedenheit über die Gesamtheit der Wertschöpfungskette – von Marktforschung über Produktentwicklung/ Verkauf bis hin zur Nachkaufphase.

Man unterscheidet in diesem Zusammenhang nach Interaktion (das „Wie") und nach der Leistung (das „Was"). „Beide Dimensionen sind für die Kundenzufriedenheit bedeutsam, sie werden aber unterschiedlich von den Wertschöpfungsketten beeinflusst."[36]. Die Interaktionsdimension wird im Wesentlichen von den Funktionen mit direktem Kundenkontakt bestimmt, während Funktionen ohne direkten Kontakt mit dem Kunden in erster Linie Einfluss auf das Produkt selbst und damit auf die Leistungsdimension haben.

Kundenzufriedenheit muss in beiden Dimensionen sichergestellt werden. „Nur, wenn der Kunde sowohl mit dem „Was" als auch dem „Wie" der Transaktion zufrieden ist, wird seine Gesamtzufriedenheit ein hohes Niveau erreichen."

2.7.1. Kundenzufriedenheit- Das Disconfirmation Paradigma

Unter Kundenzufriedenheit ist das Ergebnis eines komplexen psychischen Vergleichsprozesses zu verstehen[37].

Der Kunde vergleicht seine Erfahrungen nach dem Gebrauch eines Sachgutes und/ oder einer Dienstleistung (Ist-Leistung) mit einem vor der Nutzung bereits vorhande-

---

[36] SIMON,H./ HOMBURG, Ch. Kundenzufriedenheit. Konzepte-Methoden-Erfahrungen. Wiesbaden: 1995, S.20

[37] HOMBURG, Chr./ RUDOLPH Theoretische Perspektiven zur Kundenzufriedenheit, in: Kundenzufriedenheit: Konzepte-Methoden-Erfahrungen, hrsg. V. SIMON,H., HOMBURG, Ch., Wiesbaden: 1998, S.31-51

nen Vergleichsstandard (Soll-Leistung). Man spricht hier auch von dem sogenannten Konfirmations-/ Disconfirmations-Paradigma der Kundenzufriedenheit.

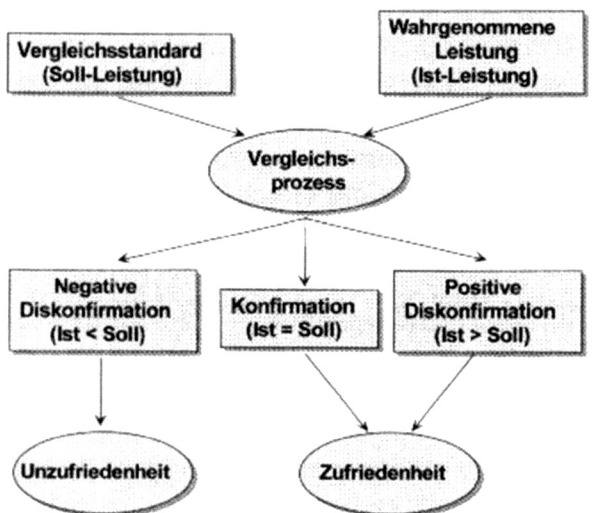

Abbildung 9: Das Konfirmations/Diskonfirmations-Paradigma (Quelle: SCHNEIDER,W. Profitable Kundenorientierung durch Costumer Relationship Mangement (CRM) 2008, S. 37)

Im Falle der Bestätigung (Konfirmation) bzw. des Übertreffens (positive Disconfirmation) der zugrunde gelegten Soll-Leistung entsteht beim Kunden Zufriedenheit. Dagegen führt eine im Vergleich zur Soll-Leistung zu geringe Ist-Leistung (negative Disconfirmation) zu Unzufriedenheit.

Kundenzufriedenheit bezieht sich auf die Gesamtheit der Erfahrungen eines Kunden mit einem bestimmten Anbieter und dessen Sachgütern und/ oder Dienstleistungen und nicht auf spezielle Erfahrungen[38].

---

[38] HOMBURG, Ch. Kundenbindung im Handel: Ziele und Instrumente, in: Distribution im Aufbruch: Bestandsaufnahme und Perspektiven. München: 1999, S.873-890

Nach dem von Parasuraman/ Zeithaml/ Berry[39] entwickelten **Servqual-Ansatz** lässt sich die Leistung eines Anbieters in **fünf Dimensionen** untergliedern, die ihrerseits anhand der folgenden 22 Eigenschaften erfasst werden[40].

Zuverlässigkeit (Reliability): Die Zuverlässigkeit eines Betriebes, die versprochenen Leistungen zeitlich und qualitativ erfüllen zu können.

1. Versprochene Termine werden auch eingehalten.
2. Das Interesse ist erkennbar, ein Problem zu lösen.
3. Der Service wird gleich beim ersten Mal richtig ausgeführt.
4. Die Dienste werden zum versprochenen Zeitpunkt ausgeführt.
5. Die Belege für den Kunden sind fehlerfrei.

Leistungs- und Fachkompetenz (Competence): Versicherung, das die in Aussicht gestellte Leistung fachgerecht (kompetent) und rasch erbracht werden kann.

6. Das Verhalten der Mitarbeiter weckt Vertrauen bei den Kunden.
7. Bei Transaktionen fühlt man sich sicher.
8. Mitarbeiter sind stets gleich bleibend höflich zu den Kunden.
9. Mitarbeiter verfügen über das Fachwissen zur Beantwortung von Kundenfragen.

Freundlichkeit und Entgegenkommen (Responsiveness): Fähigkeit der Mitarbeiter eines Betriebes, auf Kundenwünsche einzugehen und diese zuvorkommend erfüllen zu können.

---

[39] Profitable Kundenorientierung durch Customer Relationship Management(CRM): 1985, S.41-60
[40] PARASURAMAN/ZEITHAMEL/BERRY 1992, S.202

10. Mitarbeiter können über die Zeitpunkte einer Leistungsausführung Auskunft geben.

11. Mitarbeiter bedienen Kunden prompt.

12. Mitarbeiter sind stets bereit, den Kunden zu helfen.

13. Mitarbeiter sind nie zu beschäftigt, um auf Kundenwünsche einzugehen.

Einfühlungsvermögen (Empathy): Fähigkeit der Mitarbeiter und Mitarbeiterinnen eines Betriebes, sich in die Kunden einzufühlen und die Erwartungen und Bedürfnisse zu erkennen.

14. Jedem Kunden wird individuell die Aufmerksamkeit gewidmet.

15. Die Dienste werden zu Zeiten angeboten, die allen Kunden gerecht werden.

16. Mitarbeiter widmen sich den Kunden persönlich.

17. Interessen der Kunden liegen stets am Herzen.

18. Mitarbeiter verstehen die spezifischen Servicebedürfnisse ihrer Kunden.

Materielles Umfeld (Tangibles): Dazu zählen insbesondere das Erscheinungsbild und die Ausstattung eines Betriebes.

19. Die technische Ausstattung ist modern.

20. Die Einrichtungen fallen angenehm ins Auge.

21. Die Mitarbeiter sind entsprechend gekleidet.

22. Die Broschüren und Mitteilungen für die Kunden sind entsprechend gestaltet.

2.7.2. Management der Kundenzufriedenheit

Letztliches Ziel der Schaffung von Kundenzufriedenheit ist die langfristige Bindung des Kunden an das Unternehmen. Voraussetzung von Kundenbindungseffekten ist ein systematisches umfassendes Management der Kundenzufriedenheit.

Die relevanten Erfolgskriterien lassen sich in sechs **Analysestufen** unterteilen:

1. Kundenbedürfnisse – Was der Kunden braucht
2. Kundenanforderungen – Was der Kunde haben will
3. Kundenerwartungen – Was der Kunde auch von anderen Unternehmen bekommt
4. Kundenzufriedenheit – Wie der Kunde die Leistung bewertet (keine kognitiven Dissonanzen)
5. Kundenloyalität – Wie der Kunde gegenüber der Marktleistung/ dem Unternehmen eingestellt ist (keine Irritationen)Keine Ambitionen zu wechseln)
6. Kundenbindung – Wie der Kunde sich in Zukunft gegenüber dem Unternehmen verhält (Kunde kauft auch in Zukunft bei uns)[41]
7. Im ersten Schritt sind die Kundenbedürfnisse zu analysieren. Bedürfnisse sind allgemein als „das mit dem Streben nach Beseitigung eines Mangels verbundene Gefühl" definiert[42].

Bedürfnisse sind in der Regel sehr unkonkret und weder produkt- noch marktbezogen. In dieser Phase gelt es also festzustellen, was der Kunde braucht. Kundenanforderungen sind dagegen die konkreten Bedürfnisse und Vorstellungen über die Art und Weise der Mangelbeseitigung. Jetzt muss deutlich werden, was der Kunde will. Die Kundenerwartungen stellen die konkreten Anforderungen an die Marktleistung, sowohl auf das Produkt als auch auf die Serviceleistungen bezogen.

---

[41] TÖPFER, A. Mann in Töpfer 1996, 30)

[42] TIETZE, B.: KÖHLER, R.: ZENTES, J. Handwörterbuch des Marketing. Stuttgart: 1995, S.190

Neben der Analyse der Kundenerwartungen, ist auch eine Untersuchung der Kundenzufriedenheit unabdingbar. Hierbei geht es darum, festzustellen, wie der Kunde die erhaltene Leistung bewertet. Wichtig ist, dass sich mit dem Kauf beim Kunden keine Unsicherheit einstellt und auch keine Dissonanzen aufkommen. Deshalb sollte der Kunde auch nach dem Kauf betreut werden. Nur so kann sich im nächsten Schritt Kundenloyalität entwickeln.

Kundenloyalität bedeutet die grundsätzlich positive Einstellung des Kunden gegenüber dem Unternehmen. Ist der Kunde loyal eingestellt, wird er keine Ambitionen haben, zur Konkurrenz zu wechseln. Doch erst wenn er sich auch zukünftig bei seinen Kaufentscheidungen gegenüber dem Unternehmen loyal verhält und wieder das gleiche Produkt bzw. bei demselben Unternehmen kauft, handelt es sich um die letzte angestrebte Analysestufe, der Kundenbindung[43].

2.8. Einordnung des Beschwerdemanagements im Unternehmen

In der Mehrzahl der Unternehmen gibt es kein umfassendes System zur Reaktion auf Beschwerden. Es mangelt am Verständnis von Beschwerden als Chance für Veränderungen bzw. zur Erreichung von Kundenloyalität. Fehler sollten zwar nicht vorkommen, geschehen jedoch immer wieder. Umso wichtiger ist das richtige Handling solcher Probleme. Schließlich steht mit jeder Beschwerde die Kundenbeziehung auf dem Prüfstand. Das Wohlwollen eines Kunden wiederzuerlangen, ist nicht ganz einfach, aber erfolgskritisch. Das Beschwerdemanagement sollte daher einen entsprechend hohen Stellenwert im Unternehmen einnehmen.

Fehler sind in zweierlei Hinsicht problematisch. Zum einen wirken sich Probleme oder Ärgernisse negativ auf die Kundenbindung aus. Zum anderen besteht die Gefahr

---

[43] Vgl. ebd., 30f.

negativer Mund-zu-Mund-Propaganda, die schlechte Erfahrung mit dem Unternehmen wird den Menschen aus dem direkten Umfeld weitererzählt.

Damit wird deutlich, dass in schwierigen Situationen für Unternehmen auch Chancen liegen. Bemühen sich die Unternehmen, das Problem oder Ärgernis eines Kunden zur vollsten Zufriedenheit zu lösen, erscheint der Anbieter in einem besonders guten Licht. Der Kunde fühlt sich in der Wahl des Anbieters betätigt, die vorhandene positive Meinung wird weiter gefestigt. Der Kunde schließt daraus, auf mein Unternehmen kann ich mich verlassen. Dementsprechend haben sie das Gefühl, dass Ihr Unternehmen Fehler in den Griff bekommt und ein verlässlicher Geschäftspartner ist.
Für Unternehmen ist es also grundsätzlich wichtig, die Zahl der Anlässe für Beschwerden zu reduzieren. Der Anteil der Kunden, die sich bei einem Problem oder Ärgernis an die Bank wenden, sollte hingegen steigen. Jede Rückmeldung ist eine Chance, durch das Abstellen der Ursachen gleichartige Probleme oder Ärgernisse zukünftig zu vermeiden.

Kunden beschweren sich umso häufiger, je greifbarer der kritische Leistungsbereich ist. Nur wer also ein Problem gut beschreiben bzw. sogar gut belegen und nachweisen kann, widerspricht. Fühlt man sich hingegen schlecht betreut oder „allein" gelassen, macht man sich nur selten „Luft". Das ist vermutlich deshalb so, weil die Kunden bei diesen „weichen" Leistungsmängeln in Erklärungsnot zu geraten scheinen.

Generell stellen Kunden, die sich nicht beschweren, eine große Gefahr für die Organisation dar. Probleme oder Ärgernisse bleiben unsichtbar. Die Anbieter fühlen sich in ihrem Handeln bestätigt und erkennen viel zu spät, dass sich Ihre Kunden abwenden. Ausschließliche Daten zum Beschwerde- und Qualitätsmanagement geben wenig Bezug für eine umfassende Aussage zur Kundenzufriedenheit und dienen daher als unzureichend aussagefähig für die Performance an der Kundenfront. Eine geringe Reklamationsrate kann beispielsweise Ergebnis von Beschwerdebarrieren oder resignierten Kunden sein.

Für Unternehmen ist es also grundsätzlich wichtig, die Zahl der Anlässe für Beschwerden zu reduzieren. Der Anteil der Kunden, die sich bei einem Problem oder Ärgernis an die Organisation wenden, sollte hingegen steigen. Jede Rückmeldung ist eine Chance, durch das Abstellen der Ursachen gleichartige Probleme oder Ärgernisse zukünftig zu vermeiden. Dementsprechend gilt es, den Dialog mit dem Kunden durch die Bereitstellung von Feedbackmöglichkeiten zu intensivieren.

2.8.1. Stärken und Schwächen des Kundenbindungsinstruments Beschwerdemanagement

Ein erfolgreiches Beschwerdemanagement leistet einen erheblichen Beitrag, Unzufriedenheit beim Kunden abzubauen und Zufriedenheit herzustellen. Da bei jeder Beschwerde die Kundenbeziehung auf dem Prüfstand steht, stellt sich im Ergebnis des richtigen Umganges mit Beschwerden, das Zurückgewinnen des Wohlwollens des Kunden. Durch das Bemühen um Problemlösung des Kunden erscheint das Unternehmen in einem besonders günstigen Licht. Der Kunde fühlt sich bestätigt. Die positive Meinung festigt sich. Der Kunde schließt daraus: „Auf mein Unternehmer kann ich mich verlassen".

Stärken:

1. Beschwerdemanagement muss Kundenzufriedenheit herstellen, Kundenunzufriedenheit abbauen und die mögliche Abwanderung des Kunden verhindern.
2. Beschwerden sind als Chance für den Erhalt der Kundenbeziehung anzusehen, für die Verbesserung der Qualität von Produkten sowie für die Steigerung der Effizienz von Prozessen.
3. Eine offene Fehlerkultur zeigt sich im Anstreben der Fehlervermeidung, auftretende Fehler sollte vor allem als Lernquelle und nicht als Anlass für „die Suche eines Schuldigen" verstanden werden.
4. Permanentes Coaching der Mitarbeiter und laufende Kommunikation durch die Führungskräfte. Ständige Lernbegleitung, um Verhaltens- und Einstellungsver-

änderungen zu erzielen. Über das Nachbereiten der Beschwerdelösung lernen Führungskräfte und Mitarbeiter gleichermaßen weiter.

5. Das Beschwerdemanagement soll sich konsequent ausrichten an der weiteren Kundenbindung, insbesondere der von Bestandskunden.

6. Mit dem Beschwerdemanagement ist ein „Frühwarnsystem" für die Identifikation von Qualitätsmängeln zu identifizieren, es ist somit ein Fundus für Verbesserungen.

7. Wenn die Beschwerde zur Zufriedenheit des Kunden gelöst wird, dann haben die Kunden das Gefühl, dass das Unternehmen die Fehler in den Griff bekommt und ein verlässlicher Geschäftspartner ist. Die Kunden erzählen von Ihren Erlebnissen und Erfahrungen ihren Freunden, sie haben das Bedürfnis und den Drang, sich mitzuteilen.

Schwächen:

1. Beschwerden werden oftmals als etwas Negatives angesehen und bedeuten Ärger und Kritik.

2. Teilweise ist ein fehlendes Problembewusstsein bei Mitarbeitern und Führungskräften vorhanden. Oft ist man dann der Annahme, ein geringes Beschwerdeaufkommen würde auf Kundenzufriedenheit schließen. Beschwerden werden dann meistens nur auf das Problem reduziert, weniger auf die Lösung.

3. Es gibt Zweifel am Nutzen des Beschwerdemanagements.

4. Die Fehlende Unterstützung durch die Führungskräfte führt dazu, dass sich Führungskräfte zu wenig um ihre Mitarbeiter bei der Bewältigung von Beschwerdeanlässen kümmern und somit kaum Einfluss auf deren Verhaltens- und Einstellungsveränderungen nehmen können (wollen).

5. Innerhalb der jeweiligen Arbeitsteams bestehen Widerstände, sich mit Beschwerden auseinanderzusetzen. Die mangelnde Einstellung von Führungskräften und Mitarbeitern verhindern Korrektur- Veränderungs- und Verbesserungsimpulse.

6. Hemmschwelle bei den Mitarbeitern, Beschwerden zu dokumentieren. Befürchtung, dass aus den abgeleiteten Ergebnissen, auf persönliche Defizite und Fehler geschlossen werden kann und dass das zu personellen Konsequenzen führen kann. Beschwerden werden teilweise zur „Disziplinierung" von Mitarbeitern herangezogen.

7. Vielmals gehen die Beschwerden mündlich ein. Daraus ergibt sich das Problem der systematischen Erfassung, Auswertung und Analyse. Insbesondere zur Aufdeckung von Qualitätsmängeln innerhalb der Organisation.

8. Die Begriffsdefinition einer Beschwerde ist nicht immer klar und eindeutig, auch in Abgrenzung und Unterscheidung zur Reklamation.

9. Jeder Mitarbeiter reagiert unterschiedlich, wenn Beschwerden an ihn herangetragen werden, versteht das sehr oft auch als persönliche Kritik und ist schnell dabei, den Beschwerdeanlass aus einer persönlichen Betroffenheit zu „rechtfertigen".

2.8.2. Anforderungen an Training der Mitarbeiter zur Beherrschung von Beschwerdesituationen und Umgang mit Fehlern

Als notwendige Voraussetzungen zur Bewältigung von Beschwerdesituationen und dem Abbau von Defiziten ist vor allem den Nachweis einer exzellenten fachlichen Qualifizierung – und das Vorhandensein von Wissens Know-how notwendig. Zudem brauchen die Mitarbeiter im Kundenkontakt eine hohe soziale Kompetenz, mit der ausgeprägten Fähigkeit auf den Kunden umfassend einzugehen. Es benötigt das Verstehen, Zuhören, Einbinden; die Alltagskompetenz, Freundlichkeit und Begeisterung.

Dazu ist es erforderlich, dass sich die laufende Fortbildung innerhalb des Unternehmens deutlich verbessern muss. Das geschieht nur in einem offenen Klima, in dem der Mitarbeiter die Wissenslücken selbst aufspüren kann und die Mitarbeiter in einer praxisorientierten Lerngemeinschaft voneinander profitieren können. Das haben die jeweiligen Führungskräfte zu organisieren.

Dabei fällt der Lernbegleitung zum Umgang mit Beschwerde- und Konfliktsituationen durch Führungskräfte immense Beachtung bei. Das setzt folgende Kriterien voraus:

- Eine gute Koordination der Zusammenarbeit innerhalb des Teams durch eine hohe Verantwortlichkeit der Führungskräfte. Das schließt das gute Funktionieren in der Abstimmung bei der vorgangsbezogenen Bearbeitung der Kundenvorgänge mit anderen Bereichen mit ein. (Auch Mitarbeiter im Haus sind (interne)Kunden).

- Ein hoher Gradmesser dafür ist das Beherrschung der operativen Geschäftsabläufe, die Fähigkeit der hohen Anwendungssicherheit aller IT-Systeme und die verständnisvolle Hinführung, insbesondere der eher unerfahreneren Mitarbeiter, insbesondere der älteren Mitarbeiter. Gemeinsame Lernrunden mit komplizierten Vorgängen aus der Praxis dienen dem Erfahrungsaustausch.

- Die Bedeutung des Telefontrainings steigt. Es ist eine Riesenchance, sofort Zufriedenheit beim Kunden herzustellen. Durch eine freundliche Gestaltung des Gesprächs, die Fähigkeit entwickeln, auch komplizierte Vorgänge einfach am Telefon zu erledigen.

Recht häufig kommt es vor, dass bei der Bearbeitung von Kundenbeschwerden es zu konfliktträchtigen Situationen kommt, weil Mitarbeiter das eigene kritisierte Verhalten rechtfertigen und somit den Konflikt noch verschärfen, statt zu lösen. Meist sind die Mitarbeiter völlig unvorbereitet mit der Beschwerdesituation konfrontiert. Ein persönlicher Angriff des Kunden wird vielmals mit Stressaktionen auf der Mitarbeiterseite verbunden sein. Wichtig sind dann, das bestehende Problem und die persönliche Beziehung zum Kunden voneinander zu trennen. Mit kluger Formulierung ist die „Schärfe" aus dem Gespräch zu nehmen und in jedem Fall, dem Kunden die Gelegenheit zu geben, sich ausführlich zu äußern. Das gibt dann auch Gelegenheit, mit der gewonnenen Zeit, die konkrete Stresssituation in den Griff zu bekommen. Notwendig in diesen Situationen ist die Stärkung der Fähigkeit, sich überlegt, besonnen und lösungsorientiert zu verhalten.

Die hohe Kunst, die den Unterschied im Kontakt mit dem Kunden macht ist das wahre Interesse und Einfühlungsvermögen. Nicht zuletzt wird die wahre Kundenzufriedenheit durch die persönliche Komponente der Mitarbeiter im Unternehmen geschaffen. Seine Bereitschaft, das Problem des Kunden zu seinem zu machen, es zu lösen und von Anfang bis Ende der Beschwerdebearbeitung sich dafür auch zuständig zu fühlen. Es geht dabei um das „echte sich um den Kunden kümmern".

Mitarbeiter im Kundenkontakt müssen zuhören und vermitteln können. Vermitteln heißt aber auch im Kontakt zu anderen beteiligten Mitarbeitern zu treten, sich möglicherweise mit Ihnen auseinanderzusetzen. Den Willen zu haben, sich Konfliktsituationen zu stellen und Kompromisse auszuloten. Diese Aspekte werden vom Kunden erwartet und honoriert.

Der Kundendialog muss sich verbinden mit der persönlichen Note des Mitarbeiters, vor allem den richtigen Ton im Umgang mit den Kunden zu finden. Mitarbeiter müssen den eigenen Nutzen aus der Beschwerdebehandlung erkennen mit dem Ziel, die Probleme der Kunden vor Ort abzufangen und aus der Welt zu schaffen. Jede weitere Eskalation erhöht den Aufwand im Beschwerdemanagement, bindet weitere Ressourcen und treibt die Kosten oben.

Hinsichtlich des Beherrschens von Beschwerdesituationen in einem effizienten und erfolgreichen Beschwerdemanagement müssen Führungskräfte in der Lage sein auch eigene Fehler einzugestehen. Sie nehmen sich mehr Zeit für Kundenbeschwerden und deren Lösung. Führungskräfte analysieren Problemursachen und entwickeln dabei Problemlösungen. Sie sind hier nicht vordergründig an der Benennung von Schuldigen interessiert.

Seitens des Managements muss mehr in die laufende Fortbildung, insbesondere die Bewältigung von Beschwerdesituationen investiert werden. Führungskräfte organisieren mit Ihren Mitarbeitern „eine Trainings- und Lernkultur", die Fehler als Chance für Veränderungen und als „Pfundgrube" für Verbesserungen verstehen und würdigen vorbildlichen Reaktionen auf Kundenbeschwerden. Mitarbeiter und Führungskräfte müssen in Seminaren und individuellen Trainingsmaßnahmen fortlaufend Konflikt-, Dialog und Verhandlungsfähigkeit vermittelt bekommen.

2.8.3. Motivation für Kundenzufriedenheit und Kompetenzen für eigenverantwortliches Handeln

Mitarbeiter müssen stärker lernen, dass Beschwerden kein persönlicher Angriff gegen sie sind, sondern als eine Chance für das Unternehmen und sich selbst verstehen. Diese Einstellungsänderung ist ein langwieriger Prozess, der durch fortlaufendes Training, Schulung und Begleitung des Vorgesetzten unterstützt werden muss.

Das setzt den vertrauensvollen Umgang zwischen der Unternehmensleitung, den Vorgesetzten und Mitarbeitern voraus. Eine Vertrauensbasis ist unabdingbare Voraussetzung für Motivation der Beteiligten, Zufriedenheit des Kunden und wirtschaftlichen Erfolg. Noch vorkommende Präsenskultur, Angst und „Druck von oben" sind kontraproduktiv. Ein bewusstes oder unbewusstes Ausrichten auf Hierarchien führt zu Bürokratie, Erstarrung und innerer Kündigung.

Eine (gewisse) Fehlertoleranz soll möglich ein. Mitarbeitern muss viel stärker Gelegenheit gegeben werden, aus Fehlern zu lernen, statt mit Fehlern „diszipliniert zu werden". Auf eine allzu umfassende Kontrolle ist, wo möglich, zu verzichten.

Die Unternehmensleitung muss den Mitarbeitern zu Fähigkeiten verhelfen, damit sie Aufgaben selbständig und eigenverantwortlich erfüllen können. Dies ist ohne eine gezielte Mitarbeiterschulung nicht zu erreichen. Dabei müssen Mitarbeiter stärker bereit sein, Verantwortung zu übernehmen. Diese Bereitschaft schließt auch ein, Chancen und Risiken abzuwägen und nachfolgend Entscheidungen und Lösungen für den Kunden zu treffen. Gleichwohl erfordert das aber auch, dass der Vorgesetzte willens und bereit ist, Verantwortung abzugeben.

Für das Beschwerdemanagement braucht es dazu erforderliche **Kompetenzen.**

Businesskompetenzen

Mitarbeiter denken und handeln bereichsübergreifend im Sinne des Unternehmens wirtschaftlich und ertragsorientiert.

Mitarbeiter im Kundenkontakt verstehen sich vielmehr als Dienstleister, indem sie regelmäßig die Zufriedenheit ihrer Kunden erfragen und bei Unzufriedenheit nachsteuern. Die Mitarbeiter sehen sich in der Verantwortung, dass die Kundenprobleme zur Zufriedenheit gelöst werden, erkennen und antizipieren die Wünsche und Bedürfnisse der Kunden und lokalisiert Chancen und Verbesserungsmöglichkeiten.

Lösungskompetenzen

Die Mitarbeiter im Kundenkontakt treffen realistische Entscheidungen anhand der verfügbaren Fakten unter Abwägung möglicher Chancen und Risiken und übernehmen hierfür Verantwortung. Das setzt voraus, dass sich die Mitarbeiter ausreichend Informationen zum Problemsachverhalt verschaffen, um sich ein fundiertes Urteil zu bilden.

Beziehungs- und Führungskompetenzen

Mitarbeiter im Kundenkontakt haben die Fähigkeit zu entwickeln, aktiv auf andere Menschen zuzugehen. Es ist wichtig, Signale und Bedürfnisse von Kunden zu erkennen, Interessen unterschiedlicher Personen zusammenführen und konstruktiv mit anderen im Team zusammenzuarbeiten. Dabei ist hilfreich, Konflikte frühzeitig zu erkennen, offen anzusprechen, mit Kritik konstruktiv umzugehen und verbindliche Lösungen herbeizuführen.

Die Führungskräfte gewähren den Mitarbeitern mehr Handlungs- und Entscheidungsspielräume und kommunizieren ihre Erwartungen klar und deutlich. Sie schaffen eine vertrauensvolle und wertschätzende Arbeitsatmosphäre und motivieren durch Anerkennung und positives Feedback. Es ist die Verantwortung der zentralen Unternehmensleitung, Kompetenzen in die dezentralen Einheiten abzugeben. An den Kunden-kontaktpunkten müssen Mitarbeiter entscheiden können und dürfen. Einfache Wege, keine Distanzen, wenig Schnitt (Nahtstellen) führen dabei zu schnellen Lösungen für den Kunden.

2.9. Notwendigkeiten für ein erfolgreiches Beschwerdemanagement im Unternehmen

Die hohe Bedeutung der Kundenzufriedenheit und der Vermeidung von Kundenunzu-friedenheit sowie der Stellenwert des Beschwerdemanagement müssen gegenüber den Kunden, Mitarbeitern und Führungskräften besser kommuniziert und erläutert werden. Die Unternehmensleitung muss immer wieder verdeutlichen, dass es für die Erreichung der Unternehmensziele notwendig ist, auf die Wünsche, Anliegen und Vorschläge der unzufriedenen Kunden einzugehen und dass daher das Beschwerde-management einen hohen strategischen Stellenwert erhält.

Die Führungsarbeit muss sich vielmehr darauf ausrichten, dass jeder Fehler machen darf, aber jeder die Pflicht hat diese zu melden und an der Ursachenbeseitigung aktiv mitzuwirken. Es hilft wenig, wenn Fehler bestraft werden und nicht als Chance gese-hen werden. Vielmehr ist dafür Sorge zu tragen, dass die Mitarbeiter über grundle-gende Verhaltensprinzipien aufgeklärt und geschult sind sowie über die entsprechen-den Qualifikationsanforderungen verfügen.

Die Unternehmensführung hat Sorge zu tragen, dass vorbildliches Verhalten von Ma-nagern und Kundenkontaktmitarbeitern im Umgang mit zufriedenen Kunden belohnt wird. Das Topmanagement lebt kundenorientiertes Verhalten selbst vor. Die Füh-rungskräfte suchen den Dialog mit unzufriedenen Kunden; planen Zeit für die Be-schwerdebearbeitung ein, beteiligen sich aktiv an der Lösung; diskutieren Beschwer-demanagementreporte und ziehen aus der Analyse Konsequenzen für den eigenen Handlungsbereich.

Als **Schwerpunktmaßnahmen zur Beschwerdestimulierung und zum Abbau von Beschwerdebarrieren** erwiesen sich transparente Beschwerdekanäle, die es ermöglichen, dass mündliche und schriftliche Kritiken des Kunden schnell den Adressaten erreichen. Dabei bewähren sich etablierte Beschwerdemanagementeinheiten, die bei Lösung von Kundenbeschwerden unterstützen und immer auch eine Moderrationsfunktion zwischen Kunde und dem Unternehmen einnehmen. Die Einrichtung von Servicenummern und Hotlines (u.a. Zufriedenheitshotline) erleichtern Kunden den Weg, eine Beschwerde an das Unternehmen zu richten, ebenso der Hinweis auf Beschwerdemöglichkeiten in Broschüren und das Vorhalten von Meinungskarten zur Äußerung von Beschwerden, Kritiken, Hinweisen und auch Vorschlägen.

Mitarbeiter müssen stärker lernen, dass Beschwerden kein persönlicher Angriff gegen sie sind, sondern als eine Chance für das Unternehmen und sich selbst verstehen. Diese Einstellungsänderung ist ein langwieriger Prozess, der durch fortlaufendes Training/ Schulung und Begleitung des Vorgesetzten unterstützt werden muss.

Das setzt den vertrauensvollen Umgang zwischen der Unternehmensleitung, den Vorgesetzten und Mitarbeitern voraus. Eine Vertrauensbasis ist unabdingbare Voraussetzung für Motivation der Beteiligten, Zufriedenheit des Kunden und wirtschaftlichen Erfolg.

Eine (gewisse) Fehlertoleranz soll möglich ein. Mitarbeitern muss viel stärker Gelegenheit gegeben werden, aus Fehlern zu lernen, statt mit Fehlern „diszipliniert zu werden". Auf eine allzu umfassende Kontrolle ist, wo möglich, zu verzichten.

Die Unternehmensleitung und Vorgesetzen müssen den Mitarbeitern zu Fähigkeiten zu verhelfen, damit sie Aufgaben selbständig und eigenverantwortlich erfüllen können. Dies ist ohne eine gezielte Mitarbeiterschulung nicht zu erreichen. Dabei müssen Mitarbeiter stärker bereits sein, Verantwortung zu übernehmen. Diese Bereitschaft schließt auch ein, Chancen und Risiken abzuwägen und nachfolgend Entscheidungen und Lösungen für den Kunden zu treffen. Gleichwohl erfordert das aber auch, dass der Vorgesetzte willens und bereit ist, Verantwortung abzugeben.

In der Breite fehlt es am Verständnis von Beschwerden als größte Chance für die Erreichung von Kundenloyalität, für die Reduzierung von Fehlerkosten und die Verbesserung der Qualität von Produkten und Dienstleistungen. In den letzten Jahren wurden die Anstrengungen massiv verstärkt, ein systematisches Beschwerdemanagement umzusetzen und einher gehende **Managementsysteme** zu optimieren. Unternehmensinterne und – externe Wandlungsprozesse innerhalb der Unternehmen haben die Herausforderungen an ein effizientes Beschwerdemanagement erhöht bzw. verändert.

Der Kunde ist viel stärker als Orientierungsgröße einer qualitätsorientierten Unternehmensführung zu verstehen. Das Ziel besteht darin, das sich die Unternehmen grundsätzlich auf die Erwartungen von Kunden auszurichten und dabei die eigene Wettbewerbsfähigkeit erhöhen.

Zusammenfassend ergeben sich für das **Management** folgende **Schwerpunkte** zur **Unterstützung des Beschwerdemanagement**. Das Topmanagement muss dem Beschwerdemanagement volle Aufmerksamkeit widmen und höchste Priorität einräumen. Die hohe Bedeutung der Kundenzufriedenheit und der Stellenwert des Beschwerdemanagement müssen viel stärker gegenüber den Kunden aktiv kommuniziert werden. Ebenso in Richtung Mitarbeiter.

Führung muss dabei verdeutlichen, dass es für die Erreichung der Unternehmensziele notwendig ist, auf die Bedürfnisse und Wünsche der unzufriedenen Kunden einzugehen und das daher das Beschwerdemanagement einen hohen strategischen Stellenwert einnimmt und Sorge tragen, dass die Mitarbeiter über grundlegende Verhaltensprinzipien aufgeklärt und geschult sind. Vorbildliches Verhalten von Managern und Kundenkontaktmitarbeitern im Umgang mit zufriedenen Kunden sollte vielmehr belohnt werden.

Das setzt aber auch das kundenorientiertes Verhalten des Managements selbst voraus. Unabdingbar ist dafür der Dialog mit unzufriedenen Kunden, sich Zeit einzuplanen für Beschwerdereaktionen von Kunden. Es ist notwendig, sich aktiv an der Lösung von Kundenproblem zu beteiligen und Konsequenzen für den eigenen Handlungsbereich zu ziehen. Daher sind wesentliche Teile des variablen Einkommens der Manager von der Erreichung der Kundenzufriedenheitsziele abhängig zu machen.

Die **personalpolitischen Aspekte** des Beschwerdemanagements gewinnen in Unternehmen zunehmend an Bedeutung. Mit der Einführung eines erfolgreichen und effizienten Beschwerdemanagements sind hohe Maßstäbe an die Führungskräfte im Zusammenspiel mit den Mitarbeitern zu stellen.

Führungskräfte und Mitarbeiter benötigen hohe kommunikative Kompetenz und feines Gespür bei der Bewältigung von Konflikten. Gefragt ist eine offene, geistig mobile Persönlichkeit, die sich mit hohem Einfühlungsvermögen in die Situation des anderen versetzen kann.

Das ist nur in einem Klima des Vertrauens, der Leistungsbereitschaft und der Lernfähigkeit gegeben. Transparenz, Entscheidungskompetenzen und Verantwortung, optimale Kommunikation, problem- und sachbezogen und entsprechender Informationsfluss sind hier oberste Gebote. Es erfordert aber auch die kritische (Selbst) Reflexion aller Beteiligten, Probleme und Bedürfnisse heutiger und möglichst zukünftiger Kunden so früh wie möglich kennenzulernen.

3. Fazit

Die Unternehmensleitung hat den Mitarbeiter immer wieder zu verdeutlichen, dass es für die Erreichung der Unternehmensziele unverzichtbar ist, auf die Wünsche, Anliegen und Vorschläge der unzufriedenen Kunden einzugehen und dem Beschwerdemanagement dabei einen hohen strategischen Stellenwert beizumessen. Es ist eine Beschwerdekultur zu etablieren, die Fehler erlaubt. Der professionelle Umgang mit Beschwerden soll die Einstellung und das Verhalten von Mitarbeitern und Führungskräften positiv beeinflussen.

Es sind im Unternehmen eine Vielzahl von Möglichkeiten für den kritischen Dialog mit den Kunden zu schaffen, um das in Beschwerden steckende Verbesserungspotential zu erkennen und systematisch zu erfassen. Aufgabe des Unternehmens ist es, die Anlässe von Beschwerden zu reduzieren und den Anteil der Kunden zu erhöhen, sich mit Ihren Anliegen, Kritiken und Wünschen an das Unternehmen wenden. Neben dem Schaffen von Kontaktpunkten kommt es vor allem auf sensible Mitarbeiter an, die die Fähigkeit haben, auf Kunden zugehen, ihre Probleme aufzunehmen und zu lösen.

Unzufriedene Kunden müssen viel stärker ermuntert werden, sich mit einer Beschwerde aktiv an das Unternehmen zu wenden. Der Kunde entscheidet über den Erfolg, seine Erwartungen, Wünsche und Bedürfnisse rücken nicht nur in den Mittelpunkt unternehmerischen Handelns, sondern dienen gleichzeitig als Basis für eine Qualitätsbeurteilung.

Fehler müssen als Chance für Verbesserungen verstanden werden. Mitarbeiter und Führungskräfte müssen fortlaufend Konflikt-, Dialog und Verhandlungsfähigkeit vermittelt bekommen.

Die Mitarbeiter im Kundenkontakt benötigen mehr Kompetenzen für eigenverant-
wortliches Entscheiden und Handeln. Mitarbeiter müssen entscheiden dürfen. Weniger Weisungen, mehr Vertrauen. Zu schaffende Anreizsysteme haben die Motivation
der Mitarbeiter zu beeinflussen, leistungserhöhende Anreize zu schaffen und gezielt
auf Einstellungs- und Verhaltensänderungen hinzuwirken.

Ein erfolgreiches Beschwerdemanagement im Unternehmen braucht eine offene Beschwerdekultur und beschwerdefreundliche Unternehmenskultur. Nur so nimmt man
die Angst und Zurückhaltung vor Beschwerden und motiviert Mitarbeiter dazu, Probleme weiterzuleiten und fördert die Bereitschaft eigene Schwächen offen einzugestehen. Diese Kultur zeichnet sich aus, Beschwerden als Chancen zu betrachten, keine
Nachteile für Mitarbeiter zuzulassen, die sich um Beschwerden kümmern, Mitarbeitern den nötigen Handlungsspielraum zu geben und die Qualitätsverbesserung als
ständigen Prozess festzuschreiben.

Die Erfolgswirkungen des Beschwerdemanagement treten dann ein, wenn es gelingt,
Kundenzufriedenheit wiederherzustellen, die negativen Auswirkungen von Leis-
tungszufriedenheit auf das Unternehmen zu minimieren und die in Beschwerden enthaltenen Hinweise auf Schwächen als Marktchance zu nutzen.

4. Verzeichnisse

4.1. Literaturverzeichnis

BERRY, L.L. Relationship Marketing. Chicago: 1983.

BIERMANN, T. Kurswechsel Richtung Kunde. Die Praxis der Kundenorientierung. Frankfurt am Main: 1996.

BRUHN, M. Konsumentenzufriedenheit und Beschwerden. Frankfurt/M., Bern: 1982.

BRUHN, M. Relationship Marketing, das Management von Kundenbeziehungen. München: 2001.

BRUHN, M.; HOMBURG, Chr. Profitable Kundenorientierung durch Customer Relationship Management(CRM). München: 2005

De RYTER, K., WEBSTER, F. E. European Legal Developments in Product Safety and Liability: The Role of Costumer Complaint Management as a Defensive Marketing, Tool, International Journal of Research in Marketing. 1993

DILLER, H. Beziehungsmarketing, in: Wirtschaftswissenschaftliches Studium. Stuttgart: 1995

DILLER, H. Kundenbindung als Marketingziel, in: Marketingzeitschrift für Forschung und Praxis. 1996

DIN EN ISO 8402

DITTRICH, G. Kundenbindung als Kernaufgabe im Marketing. Kundenpotentiale langfristig ausschöpfen, 2. Auflage. St. Gallen: 2002

EFQM Das EFQM-Modell für Excellence. Brüssel: 2003/ 2006

FRITZ, B. Marketing-Management und Unternehmerserfolg. Grundlagen und Ergebnisse einer empirischen Forschung 2. Aufl.. Stuttgart: 1995

GOODMANN, J.A.; MALECH, A.R.; MARRA, T.R. Beschwerdepolitik unter Kosten/ Nutzen – Gesichtspunkten – Lernmöglichkeiten aus den USA, in: Hansen/ Schoenheit (Hrsg.): Verbraucherzufriedenheit und Beschwerdeverhalten. Frankfurt/M.: 1987

GOODWIN, C.; ROSS, I. Consumer Evaluations of Responses to Complaints, in: Journal of Consumer Satisfaction, Dissatisfaction and Complaining Behavior. 1990

GRUND, P. Interaktionsbeziehungen im Dienstleistungsmarketing. Zusammenhänge zwischen Zufriedenheit und Bindung von Kunden und Mitarbeitern, Diss. Universität Basel. Wiesbaden: 1990

HANSEN, U.; JESCHKE, K.; SCHÖBER, F. Beschwerdemanagement-Die Karriere einer kundenorientierten Unternehmensstrategie im Konsumgütersektor, in: Marketing ZFP. 1995.

HANSEN, U./ JESCHKE, K. Beschwerdemanagement für Dienstleistungsunternehmen: Beispiel des KfZ-Handel, in: Bruhn, M./ Stauss, B. (Hrsg.): Dienstleitungsqualität, Konzepte, Methoden, Erfahrungen, Wiesbaden 1991.

HENNING-THURAU, T; HANSEN, P: Relationship marketing: Some Reflections on the State-of-the-Art of the Relational Concept, in: Hennig-Thurau/ Hansen: Relationship Marketing. Gaining Competitive Advantage through Customer Satisfaction and Customer Retention. Berlin: 2002

HESKETT, J.L.; JONES, T.O.; LOVEMAN, G.W.; SASSER Jr.; E.W.; SCHLESINGER, L.A: Putting the Service-Profit Chain to Work, in: Harvard Business Review. 1994

HINTERBERGER, M. Der wirkliche Durchbruch lässt noch auf sich warten. Börse online. 10. August 2009

HOMBURG, Chr. Kundenzufriedenheit. Konzepte-Methoden-Erfahrungen. Wiesbaden: 1995

HOMBURG, Chr. Kundenbindung im Handel: Ziele und Instrumente, in: Distribution im Aufbruch: Bestandsaufnahme und Perspektiven. München: 1999

HOMBURG, Chr.; BRUHN, M. Kundenbindungsmanagement. Eine Einführung in die theoretischen und praktischen Problemstellungen, in: Bruhn/ Homburg (Hrsg.): Handbuch Kundenbindungsmanagement. Grundlagen, Konzepte, Erfahrungen, 3. Aufl.. Wiesbaden: 2000

HOMBURG, Chr.; KROMER, H. Marketingmanagement: Strategie – Instrumente – Umsetzung – Unternehmensführung. Wiesbaden: 2003

HOMBURG, Chr.; RUDOLPH. Theoretische Perspektiven zur Kundenzufriedenheit. Wiesbaden: 1998

HOMBURG, Chr.; WERNER, W: Kundenorientierung mit System: Mit Customer Orientation Management zu profitablem Wachstum. Frankfurt am Main: 1998

HUI, M., AU, K. Justice Perceptions of Complaint Handling: A Cross-Cultural Comparison Between PRC and Canadian Customers, Journal of Business Research. 2001

HUNGENBERG, H. Strategisches Management im Unternehmen. Wiesbaden: 2006

ISHIKAWA, K. What is Total Quality Control? New York: 1985

JAMES, D.; PRAMMERM, E.; SCHULTE-DERNE, R. Transformations – Management Organisationen von Innen verändern. Wien/ New York: 2001

JOHNSTON, R. Linking Complaint Management to Profit, International Journal of Service Industry Management 2001

KOHLI, A.K.; JAROWSKI, E.J. Market orientation; the construct, research propositions, and managerial implications, Journal of Marketing. 1990

MAXHAM, J.G., NETEMEYER, R. Firms Reap What They Sow: The Effects of Shared Values and Perceived Organizational Justice of Costumers Evaluations of Complaint Handling, Journal of Marketing. 2003

MEYER, A.: OEVERMANN, D.: Kundenbindung, in: Handwörterbuch des Marketing. Stuttgart: 1995.

MEFFERT, H.; BRUHN, M. Dienstleistungsmarketing. Grundlagen – Konzepte – Methoden. Wiesbaden: 2003

MEYER, A.; DORNBACH, F. Nationale Barometer zur Messung von Qualität und Kundenzufriedenheit bei Dienstleistungen, in: Bruhn, M./ Stauss, B. (Hrsg.) Dienstleistungsqualität – Konzepte – Erfahrungen. Wiesbaden: 1999

MEYER, A.; OEVERMANN, U. Kundenbindung, in: Tietz/ Köhler/ Zentes (Hrsg.): Handwörterbuch des Marketing 2.Aufl..Stuttgart: 1995

MMC Deutsche Banken: Der Weg zurück in die europäische Spitzenklasse. Mercer Management Consulting. München: 2003

NADER, G. Die Qualität von Bankdienstleistungen-Eine empirische Untersuchung, in: Bank Archiv, 41. Jg. 1993.

PARASURMAN, A.; ZEITHAML, V.A.; BERRY, L. A Conceptual Model of Service Quality and its Implications for Future Research, in: Journal of Marketing. 1985
PARASURMAN, A.: ZEITHAML, V.A.; BERRY, L SERVQVAL: A Multiple – Item Scale for Measuring Consumer Perception of Service Quality, in: Journal of Retailing. 1998

PEUKER, P. Vor allem Ältere haben durch die Pleite von Lehmann Brothers ihr Geld verloren-so zeigt eine Studie. die tageszeitung. 2009

REICHHELD, F.F.; SASSER, W.E. Zero Defections: Quality comes to Services, in: Havard Business Review. 1990

SCHILDKNECHT, R: Total Quality Management-Konzeption und State of the Art. Frankfurt am Main, New York 1992

SCHMIDT, K. M. Kundennutzen durch Nachhaltige Beratung. Asset Avenue. Februar 2009
STAUSS, B. Beschwerdepolitik als Instrument des Dienstleistungsmarketing, in: Jahrbuch der Absatz- und Verbrauchsforschung. 1989

STAUSS, B., Beschwerdemanagement Excellence: State-of-the-Art und Herausforderungen der Beschwerdemanagement-Praxis in Deutschland. Wiesbaden: 2003

STAUSS, B.; SEIDEL, W. Beschwerdemanagement, Fehler vermeiden – Leistung verbessern – Kunden binden. München/ Wien: 1996

STAUSS, B. Kundenbindung durch Beschwerdemanagement, in: Bruhn/ Homburg (Hrsg.): Handbuch Kundenbindungsmanagement. Stuttgart: 1998

STAUSS, B.; SEIDEL,W. Beschwerdemanagement. Kundenbeziehung erfolgreich managen durch Customer Care. München/ Wien: 2002

STAUSS, B. Beschwerdemanagement. München: 2007

TARP Consumer Complaint Handling in America: Final Report. Washington DC: 1988

TARP Consumer Complaint Handling in America: An Update Study-Part II, Technical Assistance Research Programs, United States Office of Consumer Affairs. Washington DC: 1986

TIETZE, B.; KÖHLER, R.; ZENTES, J. Handwörterbuch des Marketing. Stuttgart: 1995.

TÖPFER, A. Kunde als König, Wirtschaftswoche, 34/1996.

WEINHOLD-STÜNZI, H./ BAUMGARTNER, H. Konsumentenzufriedenheit: Eine empirische Pilotuntersuchung über die Allgemeine Zufriedenheit von Konsumenten, die Zufriedenheit von Konsumenten mit Ihrer Versorgung, Verhalten bei Konsumenten bei Unzufriedenheit, Konsumentenschutz/ Bericht des Forschungsinstituts für Absatz und Handel an der Hochschule St. Gallen, Uttwil: 1981

WHITELY Der Kunde ist ihr Boss-Die kundenorientierte Firma. Freiburg: 1993

WIMMER, F./ ROLEFF, R. Beschwerdepolitik als Instrument des Dienstleistungsmanagements, in: Bruhn, M., Meffert, H. (Hrsg.), Handbuch Dienstleistungsmanagement, Wiesbaden: 2001

ZINK, K.J. Total Quality Management als Organisationsentwicklung. München: 1994

ZINK, K.J. Die Entwicklungen der Arbeitsstrukturen im sozio-technischen Wandel-Ein Überblick. München: 1995

ZINK, K.J. TQM als integratives Managementkonzept. München, Wien: 1995

4.2. Abkürzungsverzeichnis

CRM Customer Relationship Management

DIN Deutsches Institut für Normung

EDV Elektronische Datenverarbeitung

EFQM   European Foundation for Quality Management

et al. Et alii (und weitere)

GAP Lücke, auch GAP-Analyse, Lückenanalyse, ein Managementinstrument aus der Betriebswirtschaftslehre zur Identifizierung strategischer und operativer Lücken

KVP Kontinuierlicher Verbesserungsprozess

QM   Qualitätsmanagement

S.   Seite(n)

TARP   Technical Assistance Research Program

TQM Total Quality Management

u.a.   unter anderem

vgl.   Vergleiche

z.B.   zum Beispiel

4.3. Abbildungsverzeichnis

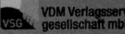